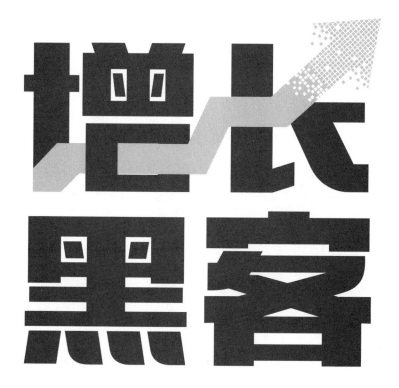

增长黑客

营销实战全攻略

韩智华　编著

U0359516

GROWT..

HACKER

化学工业出版社

·北京·

内容简介

本书聚焦数字时代营销方式，结合增长黑客成功案例，让读者快速了解何谓增长黑客以及如何成为真正的增长黑客。本书主要内容包括：增长黑客理论的基本背景、增长黑客运营体系涵盖的要点、组建增长黑客团队的方法、打造有增长潜力产品的实用技巧、互联网大环境下的营销攻略、利用AARRR漏斗模型进行用户运营的方法、实现低成本传播的多样化营销手段、陷入增长停滞期后的思考与应对举措、增长黑客必备的各种工具、国内外增长黑客成功案例等。

对于互联网从业者、企业营销人员、创业者等群体来说，本书是一本不可多得的好书。

图书在版编目（CIP）数据

增长黑客营销实战全攻略 / 韩智华编著 . —北京：化学工业出版社，2021.12

ISBN 978-7-122-39952-6

Ⅰ．①增…　Ⅱ．①韩…　Ⅲ．①网络营销-研究　Ⅳ．①F713.36

中国版本图书馆CIP数据核字（2021）第192542号

责任编辑：耍利娜　　　　　　　　　　　文字编辑：蔡晓雅　师明远
责任校对：张雨彤
美术编辑：王晓宇　　　　　　　　　　　装帧设计：北京壹图厚德网络科技有限公司

出版发行：化学工业出版社（北京市东城区青年湖南街13号　邮政编码100011）
印　　装：大厂聚鑫印刷有限责任公司
710mm×1000mm　1/16　印张14　字数　300千字　2022年5月北京第1版第1次印刷

购书咨询：010-64518888　　　　　　　售后服务：010-64518899
网　　址：http://www.cip.com.cn
凡购买本书，如有缺损质量问题，本社销售中心负责调换。

定　　价：　59.80元　　　　　　　　　　　　　　　　版权所有　违者必究

前 言

PREFACE

　　增长黑客的概念最早由美国硅谷的创业者 Sean Ellis 提出，近几年才进入我国，而后被越来越多的企业所重视。为什么增长黑客这套营销理论能够如此受欢迎呢？就像人需要不断提高自己的综合能力才能获得更高的薪水、更美好的未来一样，企业也需要持续增长才能在市场中有立足之地。如果企业长期处于增长停滞的状态，未来就只有倒闭这个结局。

　　在各行各业竞争力度加大、市场需求变化节奏加快的复杂环境下，企业如果还继续沿用传统营销理论的话，自身的竞争力只会越来越低。因此，就像 Sean Ellis 强调的那样，企业需要借助增长黑客的力量掌握更多主动权，而不是高薪聘请一批做事全靠经验的营销人才。就连业务范围已经遍布全球的可口可乐公司，也在 2017 年重新布局内部人员结构，设立了首席增长官这一符合时代潮流的新职位。

　　增长黑客对于初创型企业的帮助很大，能够推动其更加稳定、高效地成长，而不是还未绽放就已经在风雨中失去了踪影。增长黑客的优势在于能够让企业用较低成本获得更丰厚的增长资源，并且与传统的营销手段相比，增长黑客更加灵活，能够不断提高产品与市场的适配程度，让产品可以更容易被目标用户接受。

　　但是，企业想要组建一个优秀的增长黑客团队也没那么容易，因为许多企业经营者对于增长黑客还处于一知半解的状态，所以在选择增长黑客人才的时候经常会让那些不符合条件的人"蒙混过关"。真正有能力的增长黑客人才不仅要掌握多学科的理论知识，还要擅长使用各种技术工具，同时要具备协作意识，单独行动对增长黑客并不适用。

增长黑客不仅能够带动企业向更高的目标迈进，还可以帮助其抵御风险。但增长黑客并不是万能的，企业必须要在满足用户需求的前提下把控好产品或服务的质量，这样才能同增长黑客配合将企业的增长势头变得更猛。经营者须谨记，增长黑客并不具备点石成金的能力。无论你是心怀梦想的创业者，还是一名为企业增长而努力的营销人员，都需要具备增长黑客的营销思维，才能使目标更容易被实现。

本书就从增长黑客的内涵、工具、经典模式等方面入手，对增长黑客进行全面解读，帮助读者掌握增长黑客营销方法。本书特色如下：

① 内容丰富，实操性强。本书从增长黑客的概念开始讲起，到营销模式、营销手段和工具、成功案例解读，再到具体的实施操作策略，层层深入，帮读者轻松理解并掌握增长黑客的精髓。

② 新鲜案例，趣味解读。本书选取大量国内外知名企业的具有代表性的成功案例，详细剖析其中蕴含的营销策略，这些宝贵的经验总结非常值得读者参考和借鉴，同时通过讲故事的形式，使读者更容易接受和理解。

增长黑客已然成为企业进行战略布局的重要手段。现今企业竞争比的就是谁能够更稳定地维持增长，如果企业运营过程中依然不能融入增长思维的话，那企业将会慢慢被甩在队尾。只有保持在健康增长的状态，才有机会站到更高的地方，这也是增长黑客存在的意义。

编著者

目 录

CONTENTS

第1章

永恒话题：
企业如何实现持续增长

001

第2章

深入剖析：
增长黑客实质上是一套运营体系

024

第3章

实战起步：
必备技能掌握与团队组建
046

第4章

产品第一：
所有技能都是在为好产品锦上添花
069

第5章

营销心法：
互联网语境下的市场营销
091

第6章

用户运营：
增长黑客运用AARRR漏斗的方法
113

第7章

营销手段：
实现低成本快速传播有技巧

134

第8章

良性循环：
陷入增长停滞期怎么办？

154

第9章

实用武器：
增长黑客人才的实用工具箱

173

▼

第10章

他山之石：
国内外增长黑客成功案例剖析

194

第1章

永恒话题：
企业如何实现持续增长

——

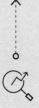

企业如何才能实现持续增长？很多经营者都这么问过自己，但往往不得要领。经营者并非不重视增长这件事，只是没有将思想更新过来，依然在用传统的营销方式，然而这种方法在当前已经不适用了。增长黑客能够兴起并非毫无理由，该新型营销理论对企业而言具有较强的可实施性，经营者需要了解增长黑客的基本特征与迭代过程，这样才能对其进行更高效的应用。

-1.1-

定义增长:
观察企业增长的内部与外部视角

▼

增长这个概念与企业经营紧密相关,每个经营者都必须了解且足够重视增长工作,才能保证企业可以处于一个相对来说比较稳定的状态。但是,企业增长不是那么简单的一件事,作为经营者必须要具备全局视角,能够同时看到企业增长的内外部环境。

如果企业不能持续增长,就会成为马拉松比赛中因为失去力气而渐渐掉队的那个人,而无法成为可以不断续航的领头者。诚然,领头者数量不可能太多,否则比赛也就失去了意义,但在残酷的商业社会中,想必没有人会愿意成为那个跑在队伍末端的人。特别是在企业的运营初期,只要稍不留意就有可能使增长率下滑,如果不能及时将其控制住,大概离企业倒闭这个结局也不远了。

很多创业者之所以会落得一个创业失败的结果,主要还是因为其没有深刻认识到增长的重要性,或者说不能对其进行合理的利用,只能无奈地看着企业一步步向不利的局势走去。有些创始人只能看到企业增长的内部或外部,却不能将二者结合起来,事实证明只有内外兼顾才能使企业保持一个健康的运营状态,我们可以先来分析一下内部增长。

何为内部增长?顾名思义,内部增长主要指的是在不借助外力如融资、贷款的基础上实现的增长,这种增长形式对企业来说有意义吗?答案是肯定的。内部增长工作只要做得到位,那也能实打实为企业提供资金方面的支持。想要实现内部增长,主要还是要依靠企业的核心业务,只要核心业务能够真正发展起来,企业的内部资金才能实现有效增长。那么,如何才能推动核心业务的成长呢?具体方法如图1-1所示。

图1-1 推动企业核心业务成长的方法

（1）提高创新能力

创新不仅是推动企业核心业务发展的关键，而且还是企业得以在行业内生存下来的最重要武器，创新能力越强，就意味着核心业务在市场中的不可复制性越明显。信息技术的发展不仅为企业提供了新的机会，也使消费者有了更多的选项，而不会再像过去那样只能在狭小的市场环境中购物。

可以直白地说，当前哪个企业能够拥有更加强大的创新能力，其所提供的产品或服务在市场中就越具有优势，这时企业想要靠核心业务来实现内部增长也就不难了。所以，像资金短缺、市场饱和度高这些会影响到企业增长的要素，虽然棘手一些，但也可以通过各种方法来应对。但如果企业内部从上到下都不具备创新意识的话，那企业就会像失去灵魂一样，难以打造出具有竞争力的产品，也就难以拉动内部的增长了。

（2）贴合受众需求

归根结底，企业如果想要靠核心业务来做文章，那么还是要将重心放到消费群体上。如果目标受众拒绝买单，那即便经营者自认为核心业务很独特、具有创新感，在得不到消费者支持的情况下，也完全没有意义。创新只是为核心业务增加制胜筹码的一个助力，却不能百分百保证企业的核心业务一定能在市场中大放光彩，重点还是要看消费者是否对其感兴趣。

有些符合受众需求的产品，有时候甚至无须企业进行过多的宣传营销，消费者就会纷纷将其买下，并会进行自发的传播推荐。至于那些完全不符合受众需求的产品，就算有着再精美的外形，也难以触动消费者的内心，所以销量自然也难以提升上去，连带着企业的内部增长情况也不会太好。这说明如果经营者想要高效拉动内部增长，就必须要同时兼顾产品创新与用户需求。

（3）不断更新迭代

苹果手机销量很好，在手机领域内也始终保持着领先的态势，但苹果可不是全靠某一个型号的手机来与其他品牌进行长期竞争，而是保持着适当的更新频率，不断推出更加优质的产品。在许多使用过苹果手机的人心中，iPhone4是最经典的一个型号，但苹果可没有将所有精力都放在这一款手机上、持续不断地炒冷饭，而是每年都在对手机进行更新迭代，以便能够跟上手机市场较快的发展节奏。

所以企业经营者也必须要注意这一点，内部增长不是某一个阶段的事情，而是要保持长期增长的效果，否则企业将会像生长在悬崖边缘的花一样，一不小心就可能被风雨摧毁。产品或服务的更新迭代可以使企业拥有较为稳定的发展状态。

与此同时，企业还要注意同样很重要的外部增长。与内部增长相同的是，外部增长无疑也会对企业发展起到积极的促进作用，但经营者也不能将所有赌注都压到外部增长上，这样也会导致企业的发展状态渐渐失衡。在内部增长的支持下，企业如果想要利用好外部增长，也要做好相应的准备才行。

企业外部增长的方式相对来说会更具难度，因为像并购、重组这种增长方式都不是随随便便就能做成的，如果在增长策略方面出现问题，企业就有可能会出现"赔了夫人又折兵"的情况。就拿企业并购这一行为来说，首先还没有过渡到发展期的企业通常并不具备并购资格，其次如果出现已知信息有误、发生业务纠纷等问题，企业就算并购成功了也会为自己带来许多风险。

所以，在企业还没有发展起来、经验不足的阶段，最好先不要过多地用外部视角去看待增长问题，可以先将重心放到内部增长上，待时机成熟之后再将两大增长形式结合起来。但无论如何，作为经营者都不能忽视增长的重要性，增长就像持续燃烧的火炬一样，能够为企业照亮前方的路径，所以不能轻易让其熄灭。

-1.2-
增长思维：
增长体现在各阶段均做出正确决定的能力

▼

当你还是学生的时候，是否有过这样的经历？在做选择题时，明明已经将两个明显有误的答案排除了，剩下的两个答案在二选一时却依然会选中那个错误的答案，而与正确的答案擦肩而过。如果这只是一次普通考试，对学生而言损失大概也不过是一道选择题的分值，但在企业经营的场景中，如果频频做出错误的决定，那后果可就相当严重了。

在了解了增长的定义之后，我们还需掌握增长思维的内涵。增长思维虽然存在于人们的精神层面，不像一些物质类的东西一样能够被直接触碰，但依然是企业运营必不可少的思维理念。经营者是否拥有增长思维，在于其能否在企业发展的不同阶段做出正确的决定，唯有如此才能带领企业不断前行。我们可以用一个反例来说明增长思维的重要性。

ofo小黄车曾经在国内盛行一时，特别是在2016年、2017年，小黄车可以说是随处可见。而且ofo还开拓了海外市场，也对小黄车进行了多次技术上的改良，前几轮融资的完成也非常高效，当时无论是普通用户还是行业内的专家都比较看好ofo的发展。

然而就是这样一个被寄予厚望的品牌，却在2018年频频受挫，行业内外的风向都是一边倒，来自用户的抱怨声也越来越大。为什么前期看起来一切顺利的ofo会在2018年出现如此巨大的挫折？原因如图1-2所示，事实上早在2017年年底，关于ofo的议论声就已经出现，许多用户都反映自己被ofo的押金系统"坑"了一把，而ofo当时的公关速度虽然很快，却依然无法阻止其走向衰亡的结局。

2018年9月，ofo较为困难的经营现状被其合作伙伴曝光，而因为押金问题焦虑、愤怒的用户也在网上公开表达着自己的不满。ofo已经不再是不可代替的共享单车品牌，新的竞品不断出现，而ofo早已无力招架。那么其究竟是因为什么

用户体验与产品
盈利能力较差

陷入恶性竞争困境，
开始进行盲目扩张

图1-2 ofo走下坡路的主要原因

才会走到这一步？问题主要还是出在增长思维这一点上。

首先，ofo在前期的成就与市场份额都不是假的，但在其顺利融资过后，资金的增长并没有帮助其走向更广阔的舞台，而是将其推入了深渊。国内外市场的同时扩张、小黄车的大量布置，增长思维跑偏方向的后果就是虽然当时的用户量很大，但用户体验与产品盈利能力都不是很乐观，这就为ofo的失败埋下了一个伏笔。

其次，ofo在与竞争对手摩拜单车的比拼过程中，双方都比较心急，所以竞争也在持续走向对彼此都很不利的恶性方向。而ofo在此期间，并没有在理智、稳定的情况下做出决定，而是采取了盲目扩张的经营模式。这就好比用短短几天时间盖了一栋又一栋的房子一样，表面看上去盖好的房子数量十分庞大，但实际上根基却十分不稳、摇摇欲坠，经不起一点风吹雨打。

ofo的增长并不算是实质性的增长，因为这些"增长"对企业而言没有太大的帮助，全靠没有规划、没有止境的烧钱才换来的。事到如今，我们已经无从得知ofo如果在当初没有陷入恶性竞争的圈套、没有采取盲目扩张策略，是否还会走到今天这个地步，但有一点却是毋庸置疑的：ofo企业的中高层并没有用正确的增长思维去看待问题，他们屡次在品牌发展的过程中做出了错误的决定，没有考虑到自己在当前做出的决定与所处发展阶段是否相符的问题。

看了ofo的案例，增长思维的重要性也就显而易见了。正常情况下所有企业经营者都希望自己的事业能蒸蒸日上，而不会抱着"明知山有虎、偏向虎山行"的想法去主动触碰那个错误的答案。想必ofo在不断扩张的时候也没有想过之后会迎来这样惨淡的收场，只是在当时没有对自己做出的决定进行一个准确的考量。

增长思维并不是保证经营者百战百胜的武器，但却能帮助其尽可能避开那些大坑，前提是经营者对于增长思维有一定的了解。这就好比做卷子，那些自己背下的公式、概念等能够提高答题的正确率，但如果压根就不知道这些知识点，那考试的结果也就可想而知了。合理运用增长思维，可以使企业更容易从激烈的竞争中脱颖而出。

（1）亚马逊

业务范围已经扩展至全球的跨境类电商平台亚马逊，其实初期也只不过是一家比较常见的网络书店，当时能够显露出优势的原因在于与图书有关的电商市场还没有被正式开发。而到了第二个重要的转折点，亚马逊创始人也同样做出了要扩大业务范围的决定，但与ofo不同的是，亚马逊并没有因此而走向下坡路，反倒因为增加了更多的商品品类而愈发有名，影响力与营业额也飞速上涨。

如果到此为止，亚马逊也没办法取得今天这样的成就。在创始人及其他中高层的带领下，亚马逊又开拓了第三个发展阶段——将客户放在核心位置，加速推动业务方向的转变，致力于为客户提供最优质的电商服务。可以说这三个阶段（图1-3）一环扣一环，但凡少了其中的任意一环，亚马逊的发展将会遇到很大阻碍。但我们代入自己想一想，其实作为创始人能够果断做出转型的决定并不容易，因为其本身也背负着很大的压力。特别是在亚马逊已经向乐观方向发展的时候，一个错误的决定可能会导致所有人先前做的努力都白费。

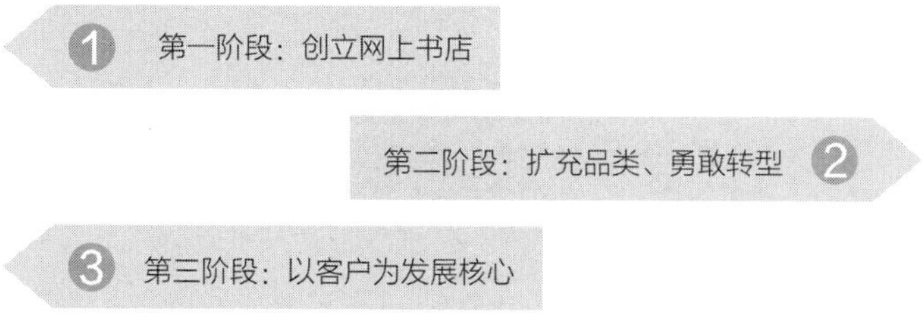

1 第一阶段：创立网上书店

第二阶段：扩充品类、勇敢转型 **2**

3 第三阶段：以客户为发展核心

图1-3 亚马逊发展过程中的三个阶段

（2）华为

已经在手机市场中占据了一席之地的华为，其实在创业期间也十分艰难，但其之所以能够成功且可以相对稳定地生存、发展下去，主要还是因为创始团队拥有足够清醒的头脑，可以在每一个阶段都做出相对正确的决定。

华为自始至终都在坚持的理念是，增长的确是一件非常重要的事，企业的内部增长也是维持其生存能力必不可少的因素，然而不能将所有精力都放在如何盈利这件事上，而是要考虑如何维系住广大消费群体的心，使其能够对华为的产品及服务更加满意。赚钱固然重要，但也要找到正确的赚钱途径才行，华为选择将客户放在第一位，至少能够保证其在之后制定的经营策略总方向没有错。

其实除华为与亚马逊以外，还有很多成功的案例。这些企业经营者会在做出某个决策的时候保持足够清醒、理智的头脑，且不会过于独断专行。做出正确的决定并不容易，对于那些缺乏经验的年轻创业者来说，在做决定时往往需要慎重再慎重，要以审视好内外部环境为前提。

不过，如果因此而变得畏首畏尾、患得患失，那也不是正常的状态。有些经营者过于担心自己做出错误的决定，所以有时会直接仿照一些"正确案例"来调整企业的经营战略，但其他人能够用某个方法成功并不代表这个方法是万能的，所以这种直接仿照的方式也不可取。想要使自己的增长思维发挥作用，一方面要用心处理企业事务、不断吸收新知识，另一方面也要多同他人沟通，拟定多个方案后从中对比、筛选，比直接敲定一个方案的安全性要更高一些。

-1.3-
增长黑客：
概念的兴起与基本特征

▼

增长黑客是近年来比较流行、比较受各大企业关注的新概念，很多人尝试利用增长黑客相关的知识去获得利润、带动企业发展，但结果往往并不理想。会出现这种情况的原因是许多人并没有领会到增长黑客的深层内涵，就过于自信地认为自己可以轻松获取所需资源，而事实证明带着这种态度是难以实现目标的。

现阶段，许多大型企业都非常重视增长黑客，在招募这方面能力比较突出的人才，而这类人才在市场中的竞争力通常也很不错，但其中真正精通增长黑客知识并能够将其高效应用到实践场合中的人才比例却并不高。那么，究竟什么才是增长黑客呢？

简单来说，增长黑客就是一种能够帮助企业用低成本获取用户的营销手段，与传统的市场部门相比，其最大的优势就在于消耗成本变得更低、思维方式更加灵活，能够帮助企业用性价比更高的方法去拉取用户并尽可能留住用户。需要明确的是，增长黑客本身只是一种营销理念，单纯去读几篇文章、采集一些信息，而不能用合理有效的工具、手段将理论转化为实践的话，增长黑客的作用也没办法体现出来。

Sean Ellis是一名来自美国硅谷的创业者，也是增长黑客初期概念的创造者。Sean Ellis在一开始主要负责管理dropbox这款文件同步工具，他的任务与目标基本上是一样的，即要持续拉动dropbox的用户量，让使用这一工具的用户人数不断增长。不得不说，Sean Ellis在这方面的天赋、能力很不错，因为其通过个人的规划与尝试，仅用一年时间就将dropbox的用户总数与使用频次提升了500%，而这无疑是一个非常漂亮的数据。

当Sean Ellis认为自己拉动用户使数据增长的手段已经逐渐成熟后，便开始着手于打开自己的市场，有越来越多的企业购买了他的服务，获得了理想的甚至是超乎预期的回报。随着市场需求量的慢慢变大，Sean Ellis决定将提供服务的模式变得更加系统化、规范化，于是他打算招募一些人来帮助自己将这套"增长设备"高效运转起来，但尽管他收到的简历有很多，合格的——或者说能够令他感到满意的简历却几乎没有。

平心而论，Sean Ellis收到的简历大都十分优秀，许多人都有相当具有竞争力的从业经验。但从这些人中筛选几个组成的团队，并不符合Sean Ellis的未来规划，他们更偏向于传统意义上的市场营销团队。他认为自己不需要专门成立一个市场部门，而是想要所有团队成员都只想着增长这件事、以增长为目标，于是他果断改变了自己的人员招募方向，转而写了一篇以《为你的创业团队找一个增长黑客》为题的文章，增长黑客这一概念便就此出现。

增长黑客得以兴起，主要是因为其在思维理念、应用手法等方面的优势十分突出，在应用得当的前提下确实能够为企业带来许多增长。但同时我们也要声明一点：不要将增长黑客神化，增长黑客不是万能的营销手段，企业只有将本职工作做好，增长黑客才有可能会发挥作用。在各大热门市场饱和度都比较高的环境下，任何人都不可能轻而易举地走捷径成功，想要利用增长黑客的经营者，还必须要熟悉与其有关的基本特征才行，如图1-4所示。

图1-4 增长黑客的基本特征

（1）视角全面化

视角全面化是增长黑客与传统营销模式的区别之一。后者虽然也有一定的获客功效，但关注点会比较分散，其团队成员通常也会做产品方面的营销工作。而增长黑客会在扩大视角范围的同时牢牢把握住一条清晰的主线，即无论做什么都要以用户为主，不会将精力用在与拉动用户增长这件事无关的领域中。

传统的营销思维放到当前来看的话，有一个很明显的弊端，即虽然通过一系列手段可以提高某产品或服务的使用人数，但却并不重视获客后的用户管理工作。这就导致许多企业在分析数据的时候会发现，虽然某日的用户增长率比较可观，但后几天的用户流失率也很高，客观来看的话其实企业并没有从中获得多少有利资源，但过程中耗费的时间与资金却是实打实的。

而运用增长黑客理论的话，虽然不能百分百保证可以留住每一个用户，但却可以有效提高用户留存率。增长黑客团队不仅会关注获客环节，还会研究如何才能留住用户、如何能够利用现有的用户资源创造更大价值，这既是增长黑客的特点，也是其优势所在。

（2）思维实验化

无论是行业新人还是经验丰富的专家，在增长黑客的模式下都需要培养、调动自己的实验化思维能力，而不能完全凭自身的经验或主观判断去做决定，推测、检验是增长黑客职业人员必须要掌握的技能。虽然传统营销同增长黑客一样对于数据的依赖性都很强，但前者在很多时候都可以直接靠数据得出相关结论，而后者相比之下会显得更加"谨慎"，必须借助数据与其他工具先检验自己的想法是否具备可行性，而后才能去进行更详细的规划。

尽管增长黑客的实验化特点可能会使其在测试过程中耗费的时间、精力增加，但如果我们以结果质量为标准做出评价的话，这一切都是值得的。这就像在不咨询客户意见的情况下直接用半个月做出的产品，比原定时间要提前许多，但客户却完全不满意。而后返工重做又断断续续用了半个月，超出了预计时间不说，客户的印象分还会直线下降。

增长黑客更贴近于那种先画草图、不断与客户交流，与客户达成统一意见后再进入正式应用环节的形式，过程看似麻烦一些，但却能够有效降低相关风险，同时可以为企业创造更多的收益。

（3）目标定量化

增长黑客非常重视对数据的应用，并会在设定目标的时候将其进行合理有效的量化处理，这也是要求从事增长黑客职业的人必须具备敏锐数据思维的原因之一。在增长黑客的模式下，如果成员准备去做某件事，就必须先将目标确定下来，不能只是带着模糊的想法就开始制定增长方案，这样没有明确指向性的行为模式很容易使后续发展偏离方向。

在敲定了具体的目标内容后，团队成员依然不能立刻就开始研究与正式实践相关的事宜，而是要先将目标定量化。要避免提出"进一步优化用户增长率"或是"让更多用户来使用产品"这种过于理想化而没有实际数据作支撑的目标，这种目标的弊端主要包括两方面：第一，不具备激励或警示作用，不能有效提高员工的工作积极性；第二，在没有具体标准的情况下，员工很难对工作的进度、效果等做出正确判断。

为了摆脱传统营销模式的弊端，增长黑客会非常重视目标的定量化，像是"让用户留存率提高2%""将用户基数从500扩大至1000"等，这就是对目标进行了量化处理。当然，目标能够实现的前提是量化值在合理范围内，如果给出一个明显过高的量化数据，那么该目标的设定也不具备实施意义。

（4）运行体系化

增长黑客在运行过程中具备体系化的特点，就像一个工厂需要多个不同类型的设施、配件才能正常运作一样，增长黑客单靠某一个理论知识点很难达到最优的增长效果，所以要搭建出一个完整的体系。

不过，初创企业或是人员不齐全的增长黑客团队一般不存在体系化这么一说，想要打造体系化的运行模式也不是一蹴而就的，需要随着团队配置的完善而慢慢形成。换句话说，就如同集体的智慧与一个人的想法一样，后者的想法或许比较有创意、有价值，但却总是比不过前者的。

（5）实践结果化

基于增长黑客的实验化特点，在工作过程中也要牢牢遵从实验相关原则，即一定要在有明确结论的前提下才能开始下一步，而不要过于心急地投入实践活动中去。想要评价某个想法是否可行，或要根据某件事的初期效果去评判其是否有继续做下去的必要性，都要结合实际效果再去给定结论。另一方面，这种比较特殊的工作模式也使得从事这一职业的人必须要提前做好不断迭代的思想准备，即有些事情很难一次就成功，需要反复尝试去寻找答案。

从整体来看，增长黑客与传统的市场营销相比在操作方式上或许会显得有些复杂，但也确实更加安全、有效，企业规模越大往往就越会在意做某件事时的风险，因此增长黑客的存在也是很有必要的。

—1.4—
概念迭代：
增长黑客理念数次迭代过程的进化方向
▼

了解了增长黑客的兴起背景之后，我们还需对增长黑客理念进行更深入的探索，来分析一下其自创立以来的几次迭代过程。虽然当前国内外对于增长黑客的应用已经较为广泛，增长黑客也展示出了较为成熟的理念形态，但这一切也是建立在增长黑客持续进化的基础之上的。

别看增长黑客如今的应用效果十分显著，但其在进化过程中也有偏离正确方向的时候。我们可以大致梳理一下增长黑客理念迭代所经历的几个主要阶段，看一看其进化方向有着怎样的变化，如图1-5所示。

图1-5 增长黑客理念迭代的主要阶段

（1）初始形态：特征初现

增长黑客被提出的初始阶段，只是为其在之后的更新迭代奠定了一个良好的基础，还没有拥有较为完整的理论体系，而概念提出者Sean Ellis也只是同其他几个伙伴一起确定了以增长黑客为核心的新型人才特征而已。其实该理念之所以会出现，也是源自一个有趣的契机。

Sean Ellis某日同自己的好友一起喝酒聊天，几个人的谈话氛围是自然而轻松的，主要围绕着创业企业的业绩增长这一话题来展开讨论。由于他们在创业过程中也遇到了不少问题，所以对彼此的观点都很有共鸣：为什么明明花费高薪聘请到了"专业"的营销人才，这些人才却无法为企业创造财富、推动其发展？

带着这个问题，他们又进行了一番交流，而后便得出了这个对增长黑客出现有着重要意义的结论：这些人才普遍带着传统的营销理念，但已经不适用于这个快速发展的时代，特别是在创业企业中，会与其有明显的矛盾感。所以，只有发展更多带有新型营销理念的人才，才能使这种现象有所缓解。自此之后，增长黑客的概念便被提出。

（2）持续发展：方向跑偏

随着增长黑客理念的提出，越来越多的人开始应用该理念，于是第二阶段便伴随着增长黑客的迅速发展而出现了。这一阶段增长黑客的影响力在不断扩散，但进化方向却出现了偏差，下面简单总结一下该阶段产生的几个主要行为特征。

① 追求爆发式增长　在增长黑客的第二阶段，许多人都能感受到传统营销观念的不足之处，但却不能用正确的增长理念来进行弥补。增长黑客的核心无疑是获得更加显著的增长，主要体现在各种类型的数据中，但使用者却过度追求这种增长效果，因此便出现了对爆发式增长的追捧浪潮。毫无疑问，这种增长方式虽然能够在短期内让各个企业有所收获，但却不是一种稳定、健康的增长方式，因为大部分企业的增长基础都尚未打牢。

② 不在意行业规则　在爆发式增长的狂潮下，参与者的浮躁感也日益明显，主要表现为行业规则不再像过去那样被重视，不尊重甚至直接打破规则者屡屡出现。这种增长方式完全可以用"野蛮"来形容，因为行业规则本就是用来制约、束缚某些经营者的，当大部分人都不再受其约束的时候，行业环境也会因此而变得恶劣。比方说在没有征求用户同意的情况下，用不正当的手段窃取用户信息并应用到其他地方，与之相似的手段在第二阶段并不少见。

③ 不理解概念内涵　为什么会出现如此浮躁的增长氛围？主要原因还是人们没有理解增长黑客的内涵，而是一味地以增长为目的去制订计划，完全没有考虑过真正的增长核心——用户群体会有怎样的感受。所以，这一阶段的整体方向都是跑偏的，且各种所谓的营销手段也比较极端，只能说是在打着增长黑客新营销理念的幌子去接近目标，大多数经营者的目光都比较狭隘。

（3）逐渐成熟：扭转方向

第二阶段的持续时间比较长，因为经营者们一接触到这种看起来很先进的新型营销理念，都会想要利用其迅速扩大自己的业务领域，而很少有人会静下心来深入研究增长黑客的应用之道。然而，随着用户群体的抱怨声越来越大，爆发式增长的效力也开始渐渐削弱，第二阶段终于难以继续发展下去，于是便出现了接替它的第三阶段。也正是在这一阶段中，增长黑客的不正确进化方向终于被慢慢扳了回来。

首先，经营者及各行各业的营销人员都意识到了自己在营销战略内容制定方面的漏洞，营销态度也在一点点变得端正。增长黑客本身是不能走极端的，打破行业规则也不能为自己争取更多的利益，还是要将目光放到消费者身上，去制定灵活多变、合理有效的营销方案。事实上早在初始阶段，Sean Ellis就已经明确表示了增长不能全靠以往的经验与所谓的"高明"战术，只是在此前许多人都没能真正理解这一点。

其次，企业上上下下的员工也不再单纯将视线集中于当下，而是更注重长期的增长效果。随着市场竞争趋势的日益激烈，短期获客已经不再是竞争过程中的制胜法宝，能够长久地留住用户，才能增加自己的胜出概率。于是在这一阶段，著名的AARRR模型也进入增长黑客日益成熟的体系中，也有越来越多的专家出现，为增长黑客体系的健全做出了很大的贡献。逐渐好转的营销环境与日益深入的理论研究，表明增长黑客已经进入了高效的发展期，且影响力也在迅速扩大。

（4）高效发展：愈发完善

第四阶段也就是我们目前所处的成熟阶段，但这里指的成熟并不意味着增长黑客已经到达了进化的终点，谁也说不准其在未来会出现什么样的新变化，只是与过去相比，现阶段的增长黑客在形态方面已经完整了许多。增长黑客的理论利用率越来越高，专家们也仍然在针对其提出更多新理论，同时也有越来越多的企业掌握了增长黑客的应用原理，并借此获得了较以往更高的增长成绩。

在这四大阶段里，除去只起到理论铺垫作用的第一阶段，第二阶段的增长黑客模式无疑是问题最多的，但却也对后续模式的演变起到了一定的指导、参考作用。总之，每个阶段都有其存在的意义，不能因为问题比较多就否定某个阶段的存在，毕竟任何一个新理论都要在不断测试的过程中成长，很少有什么理论可以自始至终没有任何改变。

- 1.5 -

实施效果：
增长黑客对企业的必要性与可实施性

▼

增长黑客早期在国外比较流行，正式进入国内应该是在2015年左右，而新理论刚刚进入国内时肯定需要一定的适应期，目前虽然得到了许多企业经营者的认可，却也没有发展到完全成熟的阶段。会出现这种情况，最主要的原因在于很多人还没有搞清楚增长黑客的应用意义，即对其具体的实施效果并不是很了解。因此，我们可以先来介绍一下企业应用增长黑客的必要性，如图1-6所示。

图1-6 企业应用增长黑客的必要性

（1）信息技术的发展

不得不说，时代的变迁往往是新理论、新思想提出的最佳时间段，而信息技术则是影响时代变迁的主要因素之一。信息技术的发展能够推动时代变迁，大幅度改变人们的生活状态，如果没有互联网技术的帮助，我们也不能这么顺利地接收到有关增长黑客的概念、知识。在这个信息化时代，许多企业经营者及内部营销人员都能够明显感受到，传统的营销方式已经很难跟上时代发展的速度，更多的机会、收益都来自互联网，而增长黑客则能够稳定跟上这个时代的节奏。

基本上，就目前的发展形势来看，无论企业的主营业务是什么，都必须要重视对信息技术的应用与革新。没有核心技术支撑的企业就像摇摇欲坠的大楼，不知道哪天就会忽然倒下，但研发新技术或进行技术变革也不是一件容易的事，终究还是要与企业的增长战略结合到一起。

（2）企业竞争的需要

近几年，随着国家政策的不断调整，创业群体的人员规模也在不断扩大。民营企业的数量持续增加，虽然能够使民营企业的经营环境显得更加繁荣，但也加剧了企业之间的竞争。对企业经营者来说，其对于增长这件事通常会非常重视，因为如果长时间没有明显增长，就意味着企业的竞争力会迅速下滑，最终导致企业走向灭亡。

虽然传统的营销手段在当前还没有被完全替代，但企业如果打算原封不动地继续使用原有套路，而没有任何创新、改变的话，依然有可能会面临那个最坏的结局。为此，企业中高层一定不能将思想封闭，不敢迈出改变的那一步意味着企业只能停滞不前。另一方面，当前许多行业内名气度比较大的企业都在持续招收增长黑客人才，无论是互联网、教育还是金融行业，都可以看到在其发布的招聘岗位中，有增长黑客人才的存在。

有时候，这些大企业的一举一动其实就像风向标一样，能够为中小型企业提供战略方面的指引。尽管不必全然模仿大企业的行为，也可以从中感知到一些东西，即增长黑客已经成为了企业竞争的重要因素。

（3）消费市场的变化

消费者需求变化与企业的盈利效果密切相关，对企业而言，在这个以流量为主的时代，只有获得更多用户并用合理方法变现，才能保证企业最基本的生存条件。然而，正如增长黑客理论的创始人所说，当前有越来越多的经营者发现，自己即便高薪聘请了许多营销方面专业度比较高的"人才"，也并不能为公司创造更多对等的财富。

会出现这种情况，主要原因包括两点：其一，随着时代的变迁，消费者的心态、需求也不再像过去那样简单，如果企业依然用过去那种营销方法，用户将很难被打动，其增长率自然达不到企业预期；其二，那些思维老旧、没有吸收新知识的"人才"只是一味地用固定的营销套路去同消费者打交道，而没有透过数据与其他要素去用心对待消费者，自然也感知不到其真正的需求。如果想要从这种困境中脱离出来、更好地适应市场环境，那企业的出路之一就是要用好增长黑客理论。

增长黑客的存在对现阶段的企业而言意义重大，无论从哪个角度进行分析，应用增长黑客理论都是十分有必要的。但是，作为企业经营者在做任何决策之前都要顾全大局，即便有些人了解了应用增长黑客的必要性，依然会对是否要调整战略计划这件事感到犹豫。所以，这种时候就要靠真实发生过的案例来论证增长黑客的可实施性了。

小红书是比较典型的社区类App，所涵盖的内容也比较多样化，关于美妆、护肤品类的内容在小红书非常受欢迎，有许多新创立的品牌都会将小红书当作主要的营销阵地，而其中大部分也都取得了不错的成效。小红书本身所具备的用户流量非常大，但这些流量也不是一开始就存在的，从2015年的1500万用户到2017年的7000万用户，再到2019年飞速增长的2.5亿用户，足以看出小红书对增长黑客的高效应用。

首先，小红书自始至终都坚持着社区路线未曾改变，其本身的社区化属性也是获客原因之一，毕竟许多人都希望能够认识更多有相同爱好的朋友，或是在与他人有和谐交流的前提下再去购买某些东西。走对了产品运营的第一步，之后团队又开始不断优化产品功能，还策划出了一系列营销活动。

比较知名、效果较好的就是小红书在微信与平台内发布的"小红书全球大赏"活动，该活动的参与方式十分简单，用户可以跟随个人喜好去自由选择不同类别的产品，而后小红书的官方团队就会根据用户的投票情况公布结果。参与该活动的用户基数很大，其中有些人甚至在此前都没有使用过小红书App，却很愿意参与这个活动。

此外，小红书与爆火选秀节目《偶像练习生》的合作也为其引入了一大波流量，虽然在节目结束后也会出现用户流失的情况，但从总体来说小红书还是受益方。小红书能够有如此显著的用户增长效果，主要原因在于其背后的团队敢于抓住机会且能够找到最佳合作对象，同时能够高效利用数据、挖掘数据价值。

小红书的热度与用户量能够持续提高，是许多行业内人员没有想到的。在小红书的影响力逐渐提高之后，也有不少小企业想要仿照小红书的增长路线来打造一款类似的App。当然，就目前的情况来看，成功者寥寥无几。小红书的成长看似顺风顺水，实际上背后也少不了营销团队耗费大量时间、精力去研究增长方案以及营销手段，只能说增长黑客的理论体系虽然比较固定，但企业在应用的时候依然要找到一个独特而准确的切入点才行。

除小红书以外，国内利用增长黑客理论成功实现或接近目标的案例还有很多，比方说用户规模极大的微信、不断转型的网易云音乐等。其实规模越大的企业，对于增长黑客的运用就越是熟练，而这类企业通常也无须耗费过多精力去招募专属的增长黑客人才，因为内部很多员工本身就有着较为敏锐的增长思维，且并不局限于营销岗位。总而言之，增长黑客的必要性与可实施性都并非空穴来风，但这并不代表其是万能的武器，重点还是要看企业是否真正理解增长黑客的理念且能够用对方法。

案例

为何连可口可乐都要设置首席增长官

1886年成立的可口可乐公司，算是汽水饮料界的元老，截至目前已经稳稳地发展了一百多年。可口可乐这一路走来，并非没有受挫或做出错误决定的时候，不过当正确决定远大于错误决定的时候，品牌就能够在市场中更长久地生存下去。

说起来，可口可乐其实并不像科技产品一样，是经过无数个日日夜夜的研究、实验才生产出来的。可口可乐发明者在当时虽然已经做出了饮料的基本雏形，然而却没有加入最重要的配方——苏打水，当其助理不小心在饮料中放入了苏打水后，才有了人们当前比较熟悉的可口可乐。

不过，可口可乐的发明者并不是推动产品走向全球市场的人，可口可乐的几任CEO才是将可口可乐一步步推向更广阔市场的关键。就拿被人们称作"可口可乐之父"的坎德勒来说，虽然其没能带着可口可乐走向最后，但也没有人能够否定他对这个品牌做出的贡献。坎德勒无疑是一个成功的商人，且极具增长头脑，增长思维与增长能力都非常优秀。为了将早期还没什么名气的可口可乐推销出去，坎德勒使用了一系列的方法。

向街上的行人发放免费品尝饮料的赠券，所有人都可以在不支付任何费用的前提下喝到一杯可口可乐，如果有人觉得不感兴趣就会直接离开，有人觉得味道还不错，就会花钱买下第二杯甚至第三杯。专门制作印有可口可乐标志的托盘并将其分发到不同的饮料售卖地，不直接将可口可乐进行大规模推销，而是采取这种低成本的广告宣传法来提高可口可乐出现的频率，使不熟悉它的人们能够产生深刻印象。

上述提到的只是坎德勒为推销可口可乐所采取方法中的一小部分，而在坎德勒之后的下一任CEO也采取有效的增长方法进一步推动了可口可乐的发展。在1927年刚刚打入中国市场的可口可乐，不太受国内消费群体的欢迎，但是，这并没有使可口可乐放弃中国市场，反倒在之后的几十年里持续改进产品、制定更符合中国的产品运营策略。

一个品牌能够获得一两次好成绩还可以说是碰巧、好运，但其如果能够抵挡住大风大浪的冲击、顽强生存下来，而且将业务发展到全球各地，那就不能再简单用一句"碰巧而已"来对其进行评价了。可口可乐一直以来都保持着比较稳定的增长趋势，在饮料市场中的地位也不会轻易被撼动，然而该有的危机意识却还是要有的。于是，我们可以看到可口可乐公司于2017年做出了一个重大的决定：对公司内部的人员架构进行调整，设立首席增长官这一新职位。

这个决定意味着什么？又改变了什么？首先，可以直观看到的是可口可乐对于增长这件事的重视程度，如果没有足够的重视，那其完全不必设置新的职位，只要在增长计划方面稍加改变就可以了。其次，首席增长官虽然是由一个人出任的，但按照可口可乐公司的规划，到后期还会搭建一个足够强大的增长团队，这样才能更好地带领可口可乐走向更远的地方。我们可以分析一下可口可乐首席增长官Francisco Crespo在公开场合发表的观点，如图1-7所示。

①别将增长当作唯一目标

②不要左右消费者的口味

③对产品进行创新优化

④产量并非关键点

图1-7 可口可乐首席增长官的观点

（1）别将增长当作唯一目标

Francisco Crespo表示，内部增长虽然很重要，但一定要摆正增长的位置，不要将增长当作唯一目标，因为这样将难以使品牌拥有最佳的运营状态。之所以会有这个观点，是因为如果只是将增长当作目标，可口可乐不一定能够继续扩大自己的市场，也不一定能够在其他竞争对手的进攻下继续维持现有的优势。

但如果改变这个固有思维，不将其当作唯一目标而是看作一门学问的话，那增长或许会更加顺利。当我们在为了增长这件事而付诸努力的时候，其实就是在向增长这个结果不断靠近的过程，而这个过程是非常科学且自然的。

（2）不要左右消费者的口味

消费者在内部增长这件事中有着怎样的地位，想必每一个管理者都心知肚明。而Francisco Crespo作为可口可乐的首席增长官，对此更是十分了解，消费者就是帮助可口可乐达成一个又一个增长目标的关键，少了消费者支持的品牌，退出市场是迟早的事。但是，总有一些品牌方试图去左右消费者的口味，具体表现为不对目标市场进行深入调查、一味地按照自己的意愿去研发产品等，这样做其实就是在带着品牌向后倒退。

Francisco Crespo强调可口可乐必须要足够了解来自消费者的需求与喜好，在进行了专业、精准的市场调查后才能去调整产品的组合或进行产品的改良，只有这样才能使可口可乐更受人们欢迎，而不是在广告宣传中告诉消费者喝哪种饮料才是正确的，这属于本末倒置的行为。

在产品组合方面，可口可乐可谓是非常用心，每一种类别的组合都有着不同的优势。拿打头阵的探险者品牌来说，该品牌的主要作用就是通过个性化特征来抢占市场，避免走同质化竞争路线，至于其他几种品牌也各有各的独特功效。不过，这几种组合虽然在运营形式、策略方面各不相同，但有一点却是相同的：始终将消费者放在核心位置，以消费者的需求为先。

（3）对产品进行创新优化

可口可乐近些年也推出了许多新口味，并且会对产品包装加以改变，而不是守着最经典的饮料形式、不对其进行任何创新优化。创新是品牌能够不断发展的动力，但与此同时创新也必须要与消费者需求结合，否则那些不符合消费者口味的新品即便被研发出来，也会获得一个无人问津的下场。

说到新产品，零度可口可乐不得不提。零度可口可乐就是无糖版的可乐，并且热量少到几乎可以忽略不计，该产品最早于2005年走进市场，而后可口可乐公司又对其进行了升级处理，变成了我们当前看到的零度可口可乐。之所以会研发这种低热量饮料，主要还是因为可口可乐公司感知到了部分消费者对于健康饮食的需求，结果也比较理想：升级后的零度可口可乐销售额在持续增长，而可口可乐也因此拥有了更多的新用户，开拓了更为健康的市场版图。

（4）产量并非关键点

产量对品牌来说虽然也很重要，但并不是最需要重视的，具体可以参考上文中提到的ofo案例。Francisco Crespo更关注的是品牌的盈利能力，而不是将产量当作竞争的武器。从可口可乐当前的经营情况来看，品牌的生命周期应该还很长，只要在后续不出现与既定路线偏差太大的错误决定，那可口可乐应该还能在市场中坚持很久。

就连可口可乐都早早开始了对增长职位的布局，并意图让Francisco Crespo带出一个优秀的增长团队，那普通企业就更要警觉起来了。可口可乐的行为说明了增长黑客在这个时代的重要性，不过正如Francisco Crespo强调的那样，当增长成为唯一目标的时候，事情的进展反倒不会那么顺利了。对消费市场的细致考察、产品研发的大胆创新以及高明的领导力才是最重要的，这就是可口可乐首席增长官所支持的观点。

第 **2** 章

深入剖析：
增长黑客实质上是一套运营体系

—

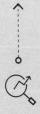

增长黑客并不是一个简单的目标，也没有固定的营销方法，如果能够对其深入剖析的话，就会发现它实质上是一套非常灵活的运营体系。增长黑客如果是一座楼房，那么数据就是一块块砖瓦，数据与增长黑客保持着密不可分的关系。在这套运营体系中，增长黑客并没有完全颠覆传统的营销模型，只是在此基础上又做了一些创新，让其能够更适应这个时代的节奏。

- 2.1 -

数据为本：
善于用数据洞察机会、解决问题的运营体系

▼

很多企业之所以对增长黑客感到不信任，主要还是因为没有搞清楚增长黑客的真正形态。增长黑客并不是由几个技巧构成的，或者说有些企业虽然也能结合理论知识去提炼或创造营销技巧，却并不是增长黑客原本就具备的。它并不是单一化的信息点，而是一个完整的运营体系，只有弄明白这一点，我们才能沿着正确方向对其进行更加深入的探索。

首先，即便没有增长黑客理念的引进，数据也是这个时代必不可少的特征。当我们由纸质化的文件慢慢向网络记录、存储的方向转移时，就意味着数据的应用将变得更加高效，与此同时，数据的地位也在不断上升。随便打开一个招聘网站，输入"数据"这一关键词，就可以看到跳转后的页面会出现一长串与数据有关的岗位需求：数据分析师、数据产品经理、数据挖掘高级工程师……，需求的产生从来都不是无凭无据，从这里也可以看出数据在这个时代的地位。

其次，增长黑客自始至终都与数据紧密相联，没有数据的增长黑客是不完整的，也难以发挥出正常的增长作用。打个比方，这二者就像粽子和粽叶的关系一样，数据在这里就相当于粽叶，有粽叶的包裹才能使粽子更易被保存，食用效果也会更好一些。为什么数据对增长黑客的运营体系而言如此重要？我们可以总结一下增长黑客主要针对的几个工作领域，以此来分析数据的重要作用，如图2-1所示。

图2-1 增长黑客主要针对的工作领域

（1）用户增长

用户增长是增长黑客的核心，也是大部分企业最为关注的。如果不能使用户持续增长，企业的生命力就会渐渐衰弱，其他能够稳定获取用户的竞争对手很容易就可以将其超越。但是，用户增长是由多个环节支撑的，而并非全靠某单一行为就能实现，在这些环节中，对数据的利用肯定是必不可少的。

首先，用户增长肯定要设置相关的指标，而不是设定"增长数量越多越好"这种过于空泛的目标。但指标的设定同样要严谨、理性，随便给出的指标其实与空泛的目标没什么本质上的区别。指标设置过高，很容易挫伤团队成员积极性；设置过低又会导致任务不具备挑战性。这就需要团队结合近期的用户数据情况来进行合理分析，如根据用户在上周的活跃度、流失率等数据去设定新一周的增长指标。

其次，当针对用户增长制定好的方案开始实施后，并不是没有意外情况就不能变动的，什么时候该加大营销力度继续刺激用户，什么时候该放慢营销节奏或中止投资，这些都要以数据为依据来做出判断。

（2）生命周期

除了要考虑用户增长以外，企业还要重视生命周期理论。生命周期可以是针对产品的，也可以是针对企业本身的，无论主体是谁，但凡想要使生命周期延长，就必须要保证增长。就拿产品生命周期来说，首先如果想要精准判断产品当前处于哪一生命阶段，还是得靠数据的帮助，全靠主观判断出错概率会很高；其次，即便分析后的结果是产品处于比较积极的成长期或成熟期，那企业也必须要制定相应的增长策略，主要目的是使其可以延缓进入衰退阶段。而制定新策略的时候，依然不能与数据脱离，唯有如此才能使产品在市场中盛放的时间更长久一些。

（3）产品研发

应用了先进信息技术的互联网产品也好，普通的生活日用品也罢，企业想要增加自身竞争力的话，就必须要重视起产品研发这件事。只有以稳定频率不断推出新产品，企业的生存环境才会更加安全。但产品研发是需要成本的，只有研发、生产出来的产品能够受到目标用户的欢迎，企业才能从中获利。但是，经营者毕竟不是神算子，并不能精准预测研发哪种类型的产品才能大受好评，而判断失误的后果就是亏损。

因此，为了避免这种风险情况的出现，经营者就必须要慎重对待产品的研发工作。其实产品研发的核心要点还是在于能否受到用户喜爱，所以问题转了一圈又回到原点，本质上还是要靠数据来研究用户的需求与喜好，这样才能更高效地打开市场。

（4）活动策划

各种类型的活动就是企业维持用户增长的主要方法，然而前提是活动效果能够达标。有些人会觉得活动策划就是敲敲键盘，将活动形式确定下来，但事实上一场活动的策划可要比这复杂许多。

时间如何安排？线上还是线下？活动预算有多少？哪种活动形式更具增长潜力？这还只是活动策划过程中的一部分问题而已。想要一一解决这些问题，就必须要动用数据思维，配合各种客观有效的数据来做精准分析才行。

综上所述，想要看到增长黑客的良好实施效果，就必须要重视并利用好数据。"数据为本"这句话可不是单纯地说说而已，事实上数据与增长思维就像两个默契的搭档一样，少了谁都不可以。数据是增长黑客运营体系中不可或缺的一部分，基本上企业要完成的大部分工作都会涉及数据。

以数据为本的运营体系不仅能够帮助企业解决一些工作方面的问题，还可以降低其进入危险环境的概率。没错，增长黑客不但可以成为企业绩效提升的强大助手，还能够化身为风险感应器，使企业能够更早、更精准地预测到前方可能会出现的陷阱，而后顺利规避。举个例子，版本更新这件事本身就具有一定的风险，因为没有人能确定用户是否会喜欢更新后的版本。所以许多产品人员就会采用增长黑客运营体系中的A/B测试方法，并结合具体的测试数据去分析究竟哪种版本的方案潜力会更大、风险会更小一些。

虽然不能一概而论，但如果想要使增长黑客运营体系的优势得到明显体现，那相关人员就必须要具备较强的数据思维与数据应用能力，这也是许多知名企业对数据型人才非常渴求的原因。

-2.2-

模式魅力：
增长黑客最低成本、最优效率的优势源头

▼

如今增长黑客在国内外能够成为各大企业重视的对象，能够得到广泛应用，正是因为该模式具有强大的魅力点，我们会在本节对其优势源头展开详细阐述。

首先，对很多企业——特别是初创企业来说，资金的利用绝对是非常重要的。即便某些小微企业的资金相对来说比较充裕，也不代表其可以毫无规划地挥霍资金，这样只会使企业在后续发展中处处受制约。但与此同时，企业经营者又不能过分节俭，该花的钱还是得花出去，否则难以带来新的用户流量。那么，如何平衡二者的关系？增长黑客的引入无疑为这些企业提供了一条更广阔的发展路径，因为其具备低成本的优势，具体原因如图2-2所示。

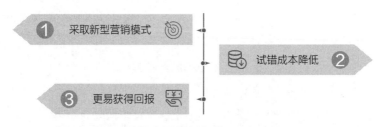

① 采取新型营销模式

② 试错成本降低

③ 更易获得回报

图2-2 增长黑客具备低成本优势的原因

（1）采取新型营销模式

增长黑客并没有与传统营销模式完全割裂，因为传统模式中也有一些可取之处，只是随着时代的变化，其整体渐渐不能再像过去那样发挥作用了而已。我们

可以简单了解一下传统营销模式的几个特点。

其一，在成本管控方面，即便企业本身在有意控制用于营销方面的成本，但最终依然会给其增加一定的经济负担。会出现这种情况，主要是因为传统营销形式多以线下为主，无论是在电视、报纸，还是大型商场内投放广告，都是一笔不小的开销。

其二，传统营销模式多以硬广为主，不会在广告文案、传播渠道等方面耗费太多精力，这也导致企业的营销成本会持续增加。

而增长黑客则更倾向于打造一种新型营销模式，而且能够搭上互联网快速发展的便车，进一步降低营销成本，使创业企业不至于在初期承受太大的经济压力。

（2）试错成本降低

顾名思义，试错成本主要指在做某件事的过程中，为了不断接近目标而努力进行探索并做出一些选择而产生的成本。举个例子，企业打算做一款新的App，但在App上架后用户的反响普遍不是很好，这时候企业便开始根据用户在评论区内的建议对其进行大范围优化，而后又在短期内陆陆续续进行了几次功能、内容等方面的调整。其实任何一款App都难以做到绝对完美，会有差评也是很正常的情况，但初上架便进行"回炉重造"般的优化，这就不正常了。

如果企业能够在研发App的过程中多多运用增长黑客的运营理念，使产品的每一个功能、每一句文案甚至是每一个图标的位置，都能在有明确依据的前提下设计，就不至于会在刚刚进入市场的阶段就要面临重新大面积整改的问题。试错成本对初创企业而言非常关键，不要觉得多一两次的试错行为也无伤大雅，事实上这可能已经加重了企业的运营负担，不知道哪天看似稳定的运营体系就会突然崩塌。

（3）更易获得回报

前文强调过，增长黑客只是帮助企业更快接近目标的辅助工具，并没有强大到只要用了该运营体系就一定能成为市场佼佼者的地步。但是，相较于传统的营销模式，能够合理应用增长黑客的企业也确实能够更快地看到成绩，无论是用户量还是营业额的增长，对其而言都是一种鼓励。企业的低成本并不仅仅体现在其投入的资金比较少这一点上，还要结合具体的收益情况来全面看待，假如企业在进行了营销工作后的增长效果较差，那企业也不算是赚到。

增长黑客的运营体系中，与低成本处于同等重要位置的另一大优势，就是增长黑客的高效率特征。目前许多创业企业都选择投身于互联网领域，试图通过争夺该领域的红利来为自己增加创业成功的概率，然而这也间接导致了该行业的市场饱和度持续提高，所以办公效率的高低也成为了企业实力评定的一部分。那么，增长黑客又是如何使企业效率提升到最优状态的呢？如图2-3所示。

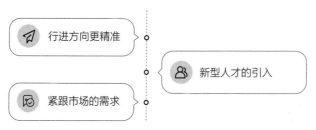

图2-3 增长黑客具备高效率优势的原因

一是行进方向更精准。两个人选择了不同的路径，同时出发前往相同的目的地，第一个人中途总是迷失方向；第二个人的目标始终很精准，虽然前方的岔路口也很多，但在大体方向上可以保证不出现问题。在这样的行进状态下，即便双方的路程距离相差不多，但抵达终点的时间却有着较大的差别。

会出现这种情况，主要还是因为双方在思想、策略方面存在差异。将其应用到企业中，有些初创企业看似投入了很多人力、物力与时间，效果却并不显著。这也是要提高数据利用率的原因，数据就如同人们在前进过程中的导向标，能够及时纠正错误的前行方向，从而用最快的速度抵达终点。

二是新型人才的引入。增长黑客最早的提出背景，就是创始人对营销人才能力不足的疑惑与烦恼。而随着增长黑客体系愈发成熟、越来越受企业的关注，各个行业领域中的新型人才规模也在不断扩大。不要忽视人才在企业绩效中的重要性，如果没有这些人的参与，那企业无论拥有多少先进的设备仪器或多么完整、长远的规划，都是无济于事的。

真正符合条件的增长黑客人才，与普通员工的差别不仅仅在能力、知识等方面，自身的工作素质、态度也非常重要。有些员工的能力虽然很占优势，但其面对工作时却非常懒散，经常抱有能拖就拖的心态去应付工作，这样企业的整体工作效率又怎么会高呢？而这些新型人才倒不是对自己有多么严苛，只是普遍具备较强的时间观念，并且会非常重视阶段性计划的制定，这也是推动企业效率向最优化发展的因素之一。

三是紧跟市场的需求。如果无法跟上市场需求变化的节奏，或是无法准确探知消费者市场的需求方向，那企业肯定也没办法高效率地达成工作目标。而增长黑客则能够通过自身的运营体系与数据、相关模型结合，使企业更接近目标市场的需求倾向，毕竟产品研发主要针对的还是用户，如果用户不满意，就意味着耗费一定成本开发出的产品将失去市场，那此前做的就完全是无用功了。

其实增长黑客本身的优势还有很多，但这三点对企业来说是帮助最大的，所以企业务必要从这三大优势出发，合理运用手段，充分开发增长黑客运营体系的潜力，使企业能够打造出更多成功的作品。

- 2.3 -

增长模式：
增长黑客是为旧模型注入了新要素

▼

增长黑客的出现，对那些脑海中已经植入了传统营销思想的经营者及营销人员来说，可能会给其带来思想上的冲击：原来某件事还可以这么想、这么做。但实际上，增长黑客也只是在旧模型的基础上注入了新要素而已，整体的框架变化其实并不是很大。下面，我们就来简单梳理一下营销旧模型中的几个常见要素，而后结合增长黑客来思考一下其在增长模式方面出现的新改变，如图2-4所示。

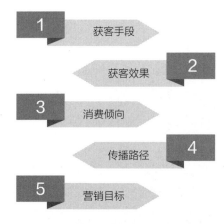

图2-4 营销旧模型中的常见要素

（1）获客手段

即便是在旧模型中，获客都始终占据着格外重要的位置，毕竟获客才是企业开展营销工作的目标，如果从一开始就没有流量进入，那即便企业有再多的"终极武器"，也没机会拿出来用。但是，旧模型中的获客手段已经跟不上时代发展的节奏，虽然其在流量红利比较显著的过去还能体现出一定优势，但在现阶段已经无法再继续沿用了。

过往营销手段的弊端主要体现在获客成本较高且见效速度较慢这两点上。而在增长黑客的增长模式中，并没有否定获客的重要性，只是用新理念、新方法使其变得更加高效，可以举一个例子来进行说明。

成立于2018年的雪糕品牌"钟薛高"，定价要比普通雪糕高一些，但即便如此，也没有阻挡"钟薛高"迅速扩大自己市场规模的脚步。如果让思想回到旧模型中，早期的雪糕多以电视上的广告推广为主，大部分经营者的获客阵地也多为线下。然而"钟薛高"却很好地利用了增长黑客中的增长思想，试图借助互联网这一巨大的流量场所来创造宽裕的获客环境——事实证明"钟薛高"成功了，而且其在此后对于增长模式的运用也愈发纯熟，即便在市场竞争非常激烈的前提下，"钟薛高"依然能够用较低成本来稳定获客。

（2）获客效果

如何对获客效果进行评价？具体还是要结合用户的转化率与流失率这两大要素来进行分析。

其实这有点像小熊掰玉米的故事，有时候你觉得自己捡了很多玉米，但实际上之前的玉米早早就丢失了，忙碌了一番却没有同等的收获。这种情况肯定就不属于正常的获客效果了。企业未必意识不到这一弊端，只是大部分人还停留在对旧模型的应用阶段。增长黑客也很注重获客效果，其为旧模型注入的新要素在于不会再重复"丢玉米"的情况，而是会认真对待之前得到的每一根"玉米"，最大程度地保证其不会流失。

（3）消费倾向

无论是旧模型还是新的增长模式，来自目标用户的消费倾向都是很重要的增长要素，只有精准锁定用户群体并准确击中其需求点，产品才能拥有市场、企业才能得以成长。虽然很多经营者心里也有数，却依然没有将工作做到位，还是将主要精力用到了产品的开发上，却没想过这是不是目标消费群体需要的。

这就好比你的目标市场需要的是简单实用的生活日用品，你却非要投入大量资金去开发有着先进技术、操作却相对复杂的电子产品一样。这类产品有没有优点？当然是有的，但其对目标市场毫无吸引力，企业要么选择调整自己的主营业务方向，要么就只能做好赔本的准备。产品开发可不是为了感动自己，而是要打动消费群体。即便想要走多元化的业务路线，企业也必须要在增长黑客的运营模式下谨慎发展才行。

增长模式的效果之所以能够如此明显，主要还是因为其比较重视对数据的利用，数据能够帮助企业锁定许多有潜力的业务方向，也能帮助其规避有风险、不宜涉足的领域。所以无论企业是打算研发新产品，还是想要开拓新的业务市场，都要以用户需求为导向，这样才能有效降低企业的试错成本。

（4）传播路径

关于传播路径这一点，旧模型与注入了新要素的增长模型有着比较显著的差异。首先，传统营销模式中的产品传播路径通常比较狭窄，且企业往往要为此而付出较多的成本。传播路径狭窄的原因主要包括两点（图2-5）：其一，当时的信息网络远远没有现在这样发达；其二，传播主体在大部分情况下都是企业，少有旁人的参与。

图2-5 旧模型传播路径较狭窄的原因

而增长黑客的应用模式下，传播路径会比旧模型多许多，至少企业在当前的互联网环境下有了更多的传播选项，而且还能借助广大用户的力量。没错，高效的增长模式可不能全靠企业，还要有用户的自发参与，才能使增长黑客低成本、高效率的优势得到充分体现。所以在现阶段，病毒式营销的潮流也非常猛烈，只是能够真正打造出病毒式营销效果的品牌并不是很多，但只要成功就能使企业获得巨大的流量收益。

（5）营销目标

暂且不提传统营销的时代，就说增长黑客发展历程中最为混乱的第二阶段，在营销目标这一要素上就出现了较大的问题：一味追求爆发式增长，完全不考虑企业的长远发展。诚然，爆发式增长能够为企业带来较多收益，也有处于健康形态下的爆发式增长情况，但事实证明很多人无法良好把控增长的后续方向，最终导致企业走向衰亡。

增长模式提倡的是相对安全一些的长期营销目标，因为创业企业本身的根基就不是很稳，只顾短期目标的达成效果却对长期目标不管不顾的话，短时间内获得的资源也不能推动企业向更远的地方前行。

除旧模型以外，其实增长黑客的理论体系在这几年也一直在持续优化，比方说广受好评、应用率较高的AARRR模型。虽然其在现阶段的影响力依然很高，却也有人针对这一模型提出了新的观点，即认为该模型中的一些思想理念已经比较老了，需要用更新的模型去代替它。总而言之，时代永远都在不断向前推进，每一个阶段的运营体系都有可能会在未来成为"旧模型"，而企业要做的就是不断运用符合时代潮流的运营模式，这样才有可能在优胜劣汰的竞争中笑到最后。

-2.4-

产品为王：
营销与产品团队相融合的发展大趋势

▼

在过去，营销部门与产品部门是彼此独立的关系，但在工作过程中又免不了会产生交集，而且这种交集还随着社会的发展而越来越多。到了如今，营销与产品团队的关系早已变得格外密切，可以说二者的融合已经成为了企业发展的必然趋势。为什么会出现这种趋势？如何融合才能达到效率最优化？本节将对这些问题一一进行解答。

增长黑客概念更迭过程中，之所以会从第二阶段驶向第三阶段，背后的原因有很多，但其中产品市场的混乱、消费者的抱怨是一个主要因素。营销部门虽然不像销售人员那样要以较高频率直接接触有发展潜力的客户，但也要帮助企业对产品的影响力与传播效果进行持续优化，这样才能保证产品可以在市场中有一席之地。

而在这一传播扩散的过程中，一方面营销人员的能力、意识很重要，另一方面产品本身的卖点与质量也很重要。有些企业聘请能力高超的营销专家，通过专家的营销"技巧"去包装产品，认为这样最终展现到用户面前的就是接近完美、极具吸引力的产品。并不是说不能凸显产品优势，而是应强调这一切要建立在产品确实有此优势且质量不存在问题的基础上。我们可以借汽车品牌沃尔沃的案例来进行说明。

沃尔沃的总部位于瑞典，品牌理念中用"与沃尔沃在一起，护我所爱"这句话对汽车的安全性做出了保证，而过去几年沃尔沃在国内外的市场都比较稳定，无论是交易额还是品牌口碑在行业内都很不错。然而，在2018年之后，沃尔沃却陆陆续续出现了不少质量方面的问题。

沃尔沃于2020年3月左右发布了全球范围的紧急通知：凡是自2019年1月之后生产的部分型号沃尔沃汽车，都要按照总部的要求立刻召回，而大致统计出的召回数量已经突破了70万这一惊人数字。之所以要有这么大规模的动作，主要还是因为这些汽车在非常关键的刹车系统上出现了问题，如果不及时召回并修复，将会给车主带来极大的安全隐患。

不过，这并不是沃尔沃的第一次紧急召回，其在2019年就已经因为发动机存在问题而召回了多达50万辆的在售汽车。在此之前，沃尔沃的品牌消费者就已经隐隐有了许多不满，主要还是与汽车的质量有关，而该品牌汽车出现故障的次数也在逐年增加。这几次大规模的召回行为及无法控制的故障势头，使企业的口碑、形象受到了一定的损害。

看了这个案例，想必有人会说沃尔沃这种行为是出于一种责任感。我们不能否认驱使沃尔沃进行全球召回的行为中有企业责任感在起作用，但更重要的是这样做能够防止出现更大的品牌危机。假如没有紧急召回的行为，那汽车的这些核心功能出现问题，无疑就是在威胁司机与乘客的生命安全，同时将会极大影响品牌形象。

其实，沃尔沃此前在营销方面的工作做得很好，无论是打情感牌还是推出一些合作节目，都使沃尔沃的知名度得到显著提升。然而，有些企业哪怕用了数十年的时间去做推广营销的工作，只要有一次在产品质量上出现了严重的问题，那企业先前付出的所有心血就算是全都白费了。

如果说沃尔沃属于辛苦经营多年，一朝在安全问题上翻车的企业，那更多的普通企业就属于一开始就没打算在产品质量上下功夫。有些企业虽然在营销工作上非常卖力，但产品的缺陷却非常明显，在这种情况下进行营销就是希望能够瞒天过海，将产品的弊端全都藏起来，让用户看到其光鲜亮丽的一面。这就不属于营销部门与产品部门正常的配合形式了，这样做一方面会扰乱市场秩序、影响消费者权益，另一方面也不利于企业的发展。

企业必须要明确一点：优质的产品能够使营销人员的工作难度变得更小，也是良好营销效果的基础；专业的营销人员则是推动产品传播扩散、强化产品魅力的主力。二者在当前是相辅相成的关系，任何一个融合环节出现问题都会对最终的营销效果造成影响。下面，我们就来总结一下二者的配合技巧，如图2-6所示。

图2-6 营销与产品团队的配合技巧

（1）保证信息对等

营销与产品团队在融合过程中是否能够保证信息的对等，这一点非常重要。举个例子，某款护发类产品的主要卖点在于味道独特且无须使用者清洗，这对那些生活节奏比较快的上班族或经常会出现紧急外出情况的人来说，无疑是非常具有吸引力的。但是，由于信息的不对等，导致营销团队那边接收到的信息并不完整，变成了以味道、功效和特色包装为主的营销方案，而完全忽略了最关键的免清洗优势。

产品有卖点、有质量的同时，产品团队还要注意将这些信息准确传递给营销团队。毕竟术业有专攻，营销团队的专业技能可不是剖析产品的卖点究竟在哪里，而是如何将这些卖点变得更有影响力、更易打动用户。更何况，为了节省彼此的时间，营销团队通常会直接按照产品团队给出的思路去执行下一项任务，而不会就产品的某些功能、内容展开过多讨论。

上述例子中举的只是普通护发品，或许某些营销人员还能提出一些自己的观点，但如果产品涉及的专业知识再多一点，可能营销团队就真的只能按照产品团队给出的信息来策划营销方案了。所以，如果希望营销效果可以达到最优状态，那双方就必须要"坦诚相待"，尽量不要保留或遗漏一些关键信息点。

（2）双方勤于沟通

想要相处融洽，营销与产品团队就必须要勤于沟通，双方可以在工作时间交换各自的问题与建议，也可以在业余休息时间以聊天的形式说一说各个方面的事情。有时候产品的营销效果不好，并不是任何一方有意要拖后腿，而是交流的频率太低，导致双方无法达成目标一致性，也不能使产品的魅力点被放大。沟通是双方能够达成良好合作关系的必备条件，不过同时也要保证沟通的效率，不能在交流过后任何收获都没有，这就属于无效的沟通了。

（3）拒绝过度夸大

产品优势可以被放大吗？答案是肯定的，但优势可以适度夸张，却不能过度夸大，否则很容易引起负面效果。但如果让营销团队自行判断的话，恐怕很难精准判断出哪些产品功能可以放大处理、哪些最好原封不动、哪些是弊端需要规避，因此还是要加强与产品团队的联系才行。有时候因为双方沟通不当导致某功能被过度放大，两个团队还可能会彼此推卸责任，所以为了更高效地完成营销目标，营销团队在注重适度原则的同时也要对这些功能有充分的了解。

无论双方采取的合作形式是怎样的，有一点务必要注意：产品与营销团队应是合作共赢的关系，而不是关系僵化、彼此充满了怨气，这样显然不能使产品拥有一个良好的市场成绩。双方的融合已经成为了发展大趋势，企业经营者要界定好双方的职责，同时还要对产品质量进行严格把关。

-2.5-
健康曲线：
以黑客方式赢得健康增长的4个关键点
▼

拔苗助长、爆发增长，这种对后续发展完全不管不顾的增长模式，对企业而言基本上是弊大于利的。其实增长过程就像是老师或家长在努力提高孩子的学习成绩一样，目标肯定是向更高的水平迈进，但是方式也非常重要。不健康的增长是企业需要规避的，只有健康的增长曲线才能使企业拥有一个长远、稳定的发展前景。

前文中提到的ofo案例就属于一个反面典型，而采取激进、盲目扩张战略的企业也不止这一个。许多处于发展中甚至是成熟状态的企业，就是因为没有使增长曲线保持在正常、健康的范围内，最终迎来了倒闭的结局。不过，这只是不健康增长比较常见的形态之一，并不是说只要不采取激进扩张战略就属于健康增长。如果想使企业能够稳步发展，那作为经营者就必须要掌握健康曲线的塑造方法，这其中有几个比较常见的关键点，如图2-7所示。

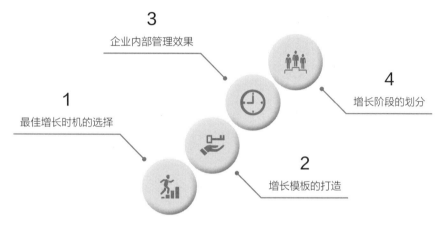

图2-7 健康增长的关键点

（1）最佳增长时机的选择

在淘宝刚刚出现的时候，大部分人对其都不是很看好，因为当时的社会环境在经济、政策、技术等方面都有一定限制，所以淘宝的初始发展期也比较艰难。然而，电商随着社会的发展而慢慢兴起，开始有更多的人尝试着进入电商领域，并且在该领域饱和度还没有开始明显增长的时候成功地获得了一定的资源。而后，短视频这一新兴的信息产品又进入了人们的视线中，抖音、快手随之开始变得火爆，于是又出现了一批以拍摄、创作短视频为职业的群体。

在这些新兴事物刚刚开始有苗头的时候，如果能够果断参与进去，那参与者能够获得的回报是相当丰厚的。但是，如果你在当前想要再研究一款新的短视频App或是转型成为短视频创作者，那再谈高效增长就不是那么现实了。企业如果想要打造出健康的增长曲线，首先要做的就是精准选择最佳增长时机，否则即便投入再多的资金与精力，也只是在做无意义的挣扎而已。

社会是持续进步的，每个时期都会有不同的风口，关键就在于企业能否抓住这个机会乘风而起。增长环境无论对任何业务类型的企业而言都非常重要，因为好的增长环境能够为企业提供极具优势的增长条件，已经错过增长风口的话就不要再过于执着了，可以在投资方面更谨慎一些，平时也要多多留心政策方面的新消息。

（2）增长模板的打造

增长模板是什么？它的存在又能为企业带来哪些帮助？首先，企业想要顺利达成增长目标，就必须有一个合理的、可实施的增长方案。但是，很多企业的确制定了增长方案，成员们的执行力普遍也很强，最终的结果却并不理想。之所以会出现这样的情况，就是因为企业制定的增长方案存在问题，所以即便内部员工再怎么配合，也只是沿着错误的路线持续推进而已。

举例来说，如果你想要研发某种药品，那是不是要在药品开发完成后先小范围测试一下？正常情况下，没有人会将未经测试的药物直接投入市场，这会为企业自身与消费群体带来极大的风险。同理，企业在制定了增长方案之后，必须要遵循"先试点、后推广"的原则来对其进行应用，而不是连预期效果都不知道，就立刻让员工开始投入正式的工作流程中。

在经历了几次测试工作之后，企业就能从中获得一些新信息，也可以积攒更多的增长经验。当经营者觉得应用效果差不多稳定了之后，就可以打造较为固定的增长模板，来借助其实现高效、稳定而健康的增长。

（3）企业内部管理效果

增长曲线不是自然生成的，而是需要多个要素综合在一起推动，才能产生相对健康的增长形态。这些要素来源于企业内外部，但内部占比要更大一些，经营者也能掌握更多的主动权。有些初创企业虽然规模很小，资金也不是很充裕，但却依然能够拥有健康的增长，也能够顺利看到增长成绩。能够拥有这种增长能力的企业，大多是因为内部管理工作做得很好，具体表现主要包括下述几点。

其一，无论是产品还是营销、运营部门，都会牢牢记住在工作过程中将用户放到核心位置，并将用户的需求、反馈当作进行下一步工作时的指令。

其二，各部门成员必须要增加沟通的频率，过于孤岛化的工作氛围只会使产品难以走入市场，且管理层要定期召开会议，目的是让成员可以更及时地了解来自用户的最新反馈，而不是时隔很久才正视用户的行为动向。

其三，经营者要设置合理的绩效激励制度，员工的工作动机被激发，才能更认真、主动地对待工作，与此同时企业内部是否有合理、适度的竞争机制，这一点也非常关键。

不要觉得企业内部的工作氛围、制度不重要，如果只是一味地发号施令，却又不能给员工提供足够具有吸引力的奖励、回报，也不能为其指明正确的方向、使员工在总体目标上达成统一的话，企业很难达到健康增长的阶段。但创业企业的经营者大多经验不是很丰富，所以很容易在中途遇到一些问题，这种时候就要多多同其他中高层人员交换意见，而不是走独断专行的路线。

（4）增长阶段的划分

家长在教育孩子的时候，经常会说这样一句话，"在什么样的年龄，就做什么样的事"。这句话虽然不能过于绝对地应用到所有人的身上，但在大多数情况下还是适用的，就像产品生命周期的每个阶段都要制定不同的运营策略一样，健康的增长曲线肯定不是永无休止的高速上升状态，持续爆发有时候也需要警惕。

该加速的时候就要带着全体员工一同向前奔跑，但相对的，有加速期就会有放缓期，有收有放才能使增长曲线趋于健康。有些企业经常会因为控制不好增长的节奏，从而导致原本还算稳定的增长态势开始变得混乱，如果不能及时根据企业的经营现状去调整增长节奏，企业的整体绩效可能就会慢慢下滑。因此，经营者一方面要了解企业当前所处的实际环境，另一方面要做出科学、合理的增长规划，不能只是一味地向前冲。

虽然这里只总结了四个关键点，但很显然想要维持企业的健康增长，只有这些还是不够的。作为企业的经营者，一定要具备较强的大局观才行，有时放缓自己的脚步并不是因为胆怯，而是希望为企业带来一个更加美好的未来。

硅谷增长黑客人才的5点重要经验

增长黑客这个概念最早起源于美国，而Sean Ellis本人也是一名互联网行业的创业者，增长黑客得到了互联网从业者群体越来越多的关注。所以，当硅谷这个以"高科技""信息人才"为主要标签的地方，组织了一次专门由增长黑客人才参与的大型会议，这次会议中传递出的一系列重要内容成为了国内外许多企业在制定增长方案时的依据与方向。下面，我们就来总结一下其中的精华部分，如图2-8所示。

图2-8　硅谷增长黑客人才的重要经验

（1）增长团队非常重要

增长这件事在正常情况下并非一个人就能完成，否则只能说明企业的规模太小或增长目标设得太低，并不能证明增长可以在单打独斗下进行。创业企业在初期一般都会面对各种各样的困难，有时候不要说人才，连基本的工作团队都难以凑齐。不过，这并不是企业对增长团队的建设毫无规划的理由，团队规模可以随着企业发展而一点点扩大，但作为经营者绝不能对此毫无想法。

虽然有些工作一个人也可以做，但能做与做得好还是有区别的，换句话说就算某个企业运气比较好，找到了一位全能型的增长黑客人才，其在工作效率方面也会比团队模式低。优秀的增长团队可以为企业带来显著的增长，甚至无须经营者多耗费什么精力，因为增长黑客人才本身就具备高执行力，由其组成的团队会将这一优势最大化。同理，不具备专业性、只是被企业生拼硬凑搭建而成的团队，本质上还是传统营销模式下的普通团队，就难以为企业创造更多的财富。

（2）数据是增长的关键

数据可以同增长团队结合起来进行分析，虽然每个企业对增长团队的规划与要求不会完全相同，但对数据的需求都必须要放在首要位置。如果增长团队由低层次逐渐向高层次递进，最起码团队成员要具备数据意识与采集、分析数据的基本能力，如果对数据毫不敏感且连常规工具都无法应用，那只能说明其在现阶段暂时不适合加入增长团队。

如果将这个层次再抬高一些，那基础的数据能力很显然就不够用了，事实上目前大型企业在招募与增长黑客有关的人才时，都会在招聘要求中加上熟悉编程的相关内容。会有这样的高要求并不是企业在刻意提高用人标准，而是因为数据确实是增长工作中的关键，是实现增长目标的主要驱动力。

在企业制定的增长方案中，无论是短期还是长期，无论其中包含着多少个流程环节，我们几乎都能从中找到数据的存在，而且数据的覆盖范围应该会很大。说一个比较好理解的例子，企业在做某些事的时候其实就是在做实验，而实验结果没有人能十拿九稳，这时候就必须要有数据的参与，才能让实验结果更可控，使应用后的效果与团队的心理预期更加贴合。可以直白地说，没有数据赋能、驱动的话，企业制定的增长方案再完整也不过是纸上谈兵，只有充分发挥数据的价值，增长工作才有可能看到效果。

（3）确定好北极星指标

何谓北极星指标？天空中的那颗北极星具备较为稳定、不易变化的特点，而北极星指标存在的意义同样也是如此：企业可以在不同时期制定多个小目标，但必须要有一个能够起到指引方向作用的整体指标，才能使增长团队的成员明确究竟要向哪个方向发力。换句话说，如果北极星指标的定位不够精准，就极有可能导致企业沿着错误的发展路径前进，这样做的后果将会非常严重。那么，企业如何才能找到北极星指标？这要求其必须要足够了解自己的产品定位，即核心价值究竟体现在哪个方面。

举个例子，淘宝的定位就是大型购物平台，其主要功能就是为用户提供一个完善、成熟的购物环境。所以在寻找北极星指标的时候，淘宝必须要围绕"购物"这个关键词来展开分析，可以从订单总额或订单数量这两个角度切入去精准确定北极星指标。寻找北极星指标不需要企业耗费什么成本，在企业成立初期就应该将其迅速定下来，以免影响其后续的发展。

所以，企业经营者千万不要对北极星指标抱有不重视的态度。越是精准、合理的北极星指标就越能持续地散发"光芒"，增长团队也能因此而更加高效地执行任务。另外，像那些业务量比较大、日常工作比较繁忙的大型企业，确定好北极星指标对其来说也是有利无害的，否则团队很容易陷入一团乱麻的混乱式工作状态。

（4）传播内部增长文化

企业经营者要明确一点，增长团队的组建固然重要，但也不能因此而忽略了其他部门的员工。增长人才的执行力虽然比普通员工要强一些，但也很容易被企业氛围影响，想要使其能够保持住这种积极工作状态，就必须要在内部构建合理有效的增长文化。

能够对员工起激励作用的不仅是物质条件，还包括精神层面的东西。只是机械化地分配任务、推着员工前进，难以勾勒出健康的增长曲线。只有让员工从心底里明白增长的重要性与增长的应用原理，企业才能有更好的发展。其实企业增长文化成功的标志，并不在于内容显得多高级、多专业，而是要以一种简洁明了的方式让员工可以顺利将其应用到实践中，这样才算是发挥了增长文化的作用。

（5）增长并非短期计划

硅谷的增长黑客着重强调增长并非一项短期计划，而是要长期实施的。换句话说，增长不应昙花一现，而是要细水长流，走可持续发展路线，这样才能有效延长企业的生命周期。

但现阶段许多企业依然没有参透增长黑客的应用内涵，这类企业的主要表现为：不在意产品之后的命运，只求一时的热度聚焦；虽然制订了长期方案，却更在意短期效果，甚至不惜为了短期利益而破坏自己的长远规划。没有人说短期目标的实现不重要，只是企业一定要调和好短期同长期计划之间的关系，过度倾斜是一种不健康的增长状态。

硅谷的这次增长大会，为创业企业提供了不少重要经验，而企业本身要选择性地吸收、利用才行。全盘复制虽不可取，适当借鉴却没有问题。不管怎样，这也比企业在毫无经验的情况下贸然探索未知领域要强得多。

第3章

实战起步：
必备技能掌握与团队组建

———

组建增长黑客团队是企业打开成功大门的必备举措。组建一个团队并不难，难的是这个团队能否为企业带来增长、能否将价值开发到最大。企业不仅要明确增长黑客人才的岗位职责，还要对其应具备的职业技能进行清晰划分，最关键的是要保证增长黑客团队角色分配的合理性。一个优秀的团队能够成为企业的强大助力，所以必须要严肃对待招聘环节，掌握正确的招聘技巧才能使企业获得自己真正需要的人才。

— 3.1 —
落地实战：
增长黑客理念实战化落地4步走

▼

了解增长黑客的基础理念，只是企业要做的初始工作，如果这些理念无法落地、无法应用到实战环节，那就算全体员工都能将这些理念内容倒背如流，也没什么太大的用处。所以，本节将详细阐述增长黑客理念实战化落地的几个步骤，如图3-1所示。

图3-1 增长黑客理念实战化落地步骤

（1）判断产品适配程度

首先，如果想要使增长黑客理念顺利落地，企业就务必要做好重要的第一步工作：判断产品的适配程度。如果第一步工作没抓好，那后续工作也会接二连三地出问题，大部分员工只是在白忙活而已。那么，产品适配的对象是谁？做这项工作的意义又在哪里呢？

　　企业生产产品的目的可不是供内部成员消遣，而是要投入市场供目标群体消费，以此来盈利。因此，这里的关键就在于企业打算生产的产品同市场是否具有适配性，适配程度又有多高。这就好比企业要找两名员工组成搭档一样，如果两个人的能力不互补，脾气秉性与工作理念又相差甚远，那双方将很难达成稳定的合作关系，也无法推动企业目标的实现。同理，若是产品同市场的适配程度低于正常水平，那产品有很大的可能性是无法达成企业预期销售额的。

　　有时候产品本身没有什么质量问题，只是与市场需求不相符，换句话说就是不能引起目标消费群体的兴趣与付费欲望。虽然百分百的适配程度有点夸张，但很显然，适配程度越高企业的胜算就越大。与此同时，企业也要注意选择合理的适配程度检测方法。

　　首先，精准定位目标市场是最重要的一步。有些初创企业在这方面缺乏经验，经常搞不清自己要面向哪个市场方向，这将会为之后的增长工作增加诸多困难。其次，了解定位的目标市场具有哪些特征，如主要消费者的年龄、职业、收入水平，这些也是企业必须要了解的内容。最后，为了增加检测准确度，企业还可以通过问卷调查、用户邀请等方法来获取更多的有用信息。完成上述这些步骤之后，企业才能初步得出适配结论。

（2）总结有效集客方法

　　产品与市场能够适配是一个良好的开端，却并不意味着其一定可以在市场中大卖。举个例子，通常美妆类产品的目标市场都以女性消费群体为主，然而所有找对了市场的美妆品牌都能成为爆品吗？很显然，答案是否定的。美妆市场的饱和度很高，竞争力度也很大，每年都有不知道多少个新的美妆品牌创立，但能够站上主流舞台的品牌却寥寥无几。

　　所以，双方适配是一方面，其是否能够成功吸引到消费群体又是另一方面。为了提高产品在市场中的竞争能力，企业内部的增长团队必须要研究出具备实用性的集客方法。这里，我们可以借美妆领域中增长速度极快的新生品牌"完美日记"来举个例子。

　　于2017年创立的完美日记，迄今为止运营年头也不过短短几年，与其他的老牌产品相比，完美日记无疑还很年轻。但就是这样一个初期没什么知名度的品牌，在品牌创立之后的几年里却显现出了极强的增长能力，目前已经陆续与中国国家地理（图3-2）、中国航天等达成了合作关系，并推出了一系列联名合作。截至2020年8月，完美日记的品牌价值已经达到了60亿元。

图3-2 完美日记与中国国家地理的联名合作

能够在美妆区"前辈"们的包围下突出重围，而且能够保证品牌增长逐年提高，完美日记的优秀营销能力做出了相当大的贡献。完美日记非常重视对产品宣传渠道的维护，像微博、微信公众号、小红书等都是完美日记的主要营销阵地，而其选择的主要目标市场也偏年轻化，以"90后""95后"为主。所以我们可以看到，完美日记的营销战略会更偏灵活有趣的方向，各种营销活动的举办也很频繁，代言人与联动IP的选择更是为其增加了不少优势，线上线下的流量也在不断增加。

完美日记之所以能够以较快的速度在市场中占据一席之地，主要还是因为其非常重视集客工作，有消费者才有谈未来的资格。而完美日记在制定集客战略的时候也牢牢锁定了消费群体的特征，这才能使每一次的营销活动都取得较好的成绩，所以企业也要注意这一点，不要以个人意志为主去规划集客内容。

（3）高效引爆增长爆点

爆点，对增长团队而言十分重要，能够找到并将其引爆的话，企业将有可能得到格外丰厚的资源回馈。但是，一来爆点并不是那么好找的，二来能够真正将其引爆也不容易，有时候单靠团队也不行，企业本身的发展程度也要跟上才可以。

就拿支付宝传播规模浩大的锦鲤活动来说，这次活动毫无疑问是被成功引爆的典型案例，但对普通企业来说，想要复制其引爆路径却非常困难：首先，支付宝在举办这次活动的时候，早就已经拥有了较高知名度与较多的用户量，这也为爆点的引爆奠定了良好基础；其次，本次活动的爆点在于参与形式简单且奖品池极为丰富，而中小型企业通常并没有能力给出一串那么长的奖品清单；最后，各大品牌的助力也为活动的裂变添了一把火。

对创业企业来说，引爆爆点这项工作的意义在于能够帮助其进一步减少营销成本，并且能够获得较常规营销活动更多的回报。但是，在时机还并不成熟的时候，企业最好也别贸然行动，把基础打牢才是首要任务。

（4）做好后续优化工作

假如企业成功引爆了爆点，那么团队成员在欣喜之余，也不要忘记做好后续的优化工作。事实上，这个环节如果能够处理到位的话，企业的增长速度将会更快、更稳，反之即便将爆点引爆，也不过只有一瞬间的火花而已。许多初创企业就是因为缺乏这方面的经验，才会将原本可以尽数掌握的流量放走一大半，这样一来，先前为了引爆爆点而做的所有努力也就全都白费了。

那么后续优化工作究竟指的是什么呢？举个例子，假如你是一名教育机构的销售，在某次免费试听的线下公开课结束后，家长们都表示了对课程的好评。在这种时候，你要做的就是趁着家长的热情还没有消散，立刻抓住机会促成交易，提高课程报名率，而不是"冷静"地站在一旁等待家长散场。

同理，企业在借助某次营销活动成功实现了裂变式传播的引爆结果之后，就必须尽可能争取到这些用户，使其能够转化为品牌粉丝。不要寄希望于用户自身，认为其能够主动留下甚至进行消费。这类用户虽然存在，比例却非常小，如果企业不能做好留客工作，流量便会如指间沙一般轻易滑走。

- 3.2 -

岗位职责：
增长黑客人才在企业中的一般具体工作

▼

增长黑客在现阶段不仅被大企业重视，许多中小型企业也开始了对增长黑客人才的招募工作。但是，这里的问题在于有些经营者本身对这个岗位的职责不了解，只是在一味地强调"要增长、有业绩"。这种十分不明确的岗位职责界定状态也会影响到增长黑客人才本身的工作质量，因为这表示经营者不知道该如何为增长黑客人才安排工作、如何对其进行绩效考核，所以即便招到了人才也难以将其留住。

事实上，虽然增长黑客人才的工作核心在于"增长"二字，但其本身的职责内容还是很多的，并不是每天盯着产品交易额或用户数量的变化曲线那么简单。不同企业对增长黑客人才有不一样的职责要求，但大体应该不会有太大的差别，我们可以总结一下增长黑客人才在企业中的常规工作，如图3-3所示。

产品需求对接　　用户留存促活　　数据分析监控　　提高产品转化率　　策划营销活动

图3-3 增长黑客人才在企业中的常规工作

（1）产品需求对接

增长黑客人才只有在充分满足用户需求的基础上，才能将自己设定的增长计划完成。所以其一方面要更严谨地钻研用户给出的反馈，以剖析其具体的需求内容；另一方面要做好需求对接的工作，即要与其他部门成员配合得当，如果有项目需要的话还必须要保证与用户交流的频率、质量。

不要小看需求对接这项工作的重要性，这直接关系到产品的未来销量以及品牌的口碑、企业的形象。假如用户的需求明明是中式餐品，企业这边折腾很长时间却给出了一道西餐，那用户又怎么会满意呢？此外，各部门配合不到位，可能在短期内看不到什么影响，但其实风险已经在暗中滋生了。特别是互联网这种科技领域，有时候一个数字的变化、一个指令的变动，都会导致结果出现偏差。因此，增长黑客人才平时可以独立胜任工作，却不能完全隔断与其他部门的交流通道。

（2）用户留存促活

如果说在产品需求对接的工作中，其他部门的存在感也很强，那么在用户留存促活的场景中，增长黑客就是绝对的主角了。俗话说"留得青山在，不怕没柴烧"，在这个流量化的时代，用户就是企业的"青山"，大部分活动都要在拥有流量的基础上才能开展。因此，企业雇佣增长黑客人才的主要目的一方面是借助其来获得更多用户，另一方面则是希望增长黑客人才可以更高效地留住用户。

近年来，随着互联网行业的进一步发展壮大，各种各样的App也接连出现，我们每天都能在各个应用商店看到持续更新的App榜单，其中游戏、阅读、音乐类App的竞争尤为激烈。但是，很多新App面临的命运其实都大致相似：刚开始上线的时候，如果宣传手段比较给力，那App的初期下载量、注册量应该会比较高；但随着时间的推移，App的命运转折点也会随之而来，有些App上线一段时间之后，用户流量便会呈直线下降趋势，有些则尚能维持相对平缓的流量曲线。

到最后，那些早早就失去了用户流量的App只能落得一个惨淡收场的结局，而留存促活工作做得比较好的企业，则能有效降低App退出市场的风险，并有机会使业务范围得到进一步扩大。所以，企业究竟会走上哪一条路，就全看增长黑客人才如何运营、决策了。

（3）数据分析监控

数据分析不一定是增长黑客人才这一个岗位的职责，但却是选择成为增长黑客人才的员工必须要具备的技能。企业的运营离不开数据，每个环节、每个阶段的策略制定与调整也必须要以数据为依据，所以我们可以看到很多企业在招募增长黑客人才的时候，都会在岗位要求中写下"跟踪分析产品、用户数据""对数据进行分析与诊断"等类似的内容。

可以说，增长黑客人才每天虽然有许多要做的工作，但大部分都是围绕着数据展开的。比方说在敲定新的增长指标时，需要看一下近期的客观数据，而不能完全凭借个人工作经验或直觉来设定。再比如说企业最近与某IP进行了产品的联名合作，这时候增长黑客人才的职责就是持续追踪与本次合作有关的数据情况，如线上线下的销售数据、宣传活动的参与人数、活动讨论度等。

增长黑客人才不仅要做好日常的数据分析，还需做好后续的监控工作，有时也要根据内部需要去采集、跟踪竞品数据。总而言之，增长黑客人才所做的大部分工作都与数据有关，意识与能力缺一不可。

（4）提高产品转化率

数据的分析、用户的留存，做这些事情可不是为了让数据在表格上变得好看，而是为了使产品转化率能够得到有效提升。正常情况下，企业推出新产品都是为了改善自身的盈利情况，想要借此获得更多收益。就拿App来说，不同的App收费标准不一样，有些需要付费才能使用，有些则是根据用户的需要由其自行选择要购买哪些付费项。相对来说，前者的开发难度虽然会大一些，但获利效果比较稳定，反倒是后者会比较棘手。

前几年，互联网忽然刮起了一股"佛系"的风，有代表性的App包括旅行青蛙、佛系背单词、陶艺大师等。然而，曾经火遍了各大社交网站的旅行青蛙，虽然也有内置的付费项目，但玩家的消费热情普遍不是很高，到最后游戏也渐渐归于冷清。所以用户量高并不代表产品就一定能长久生存下去，只有调动起用户的付费冲动，才能为产品的长久生存多几分保障。增长黑客虽然不能让每一名用户都进入付费行列，却也不会让其太过"佛系"，会想方设法地勾起用户的购买欲望。

（5）策划营销活动

规模较大的企业会配有专门的运营、营销部门，而不会将增长黑客团队与其混合到一起，但增长黑客人才依然要参与到营销活动的策划环节中，与其他部门相互配合、协调，将活动效果做到最优化。但是，正常情况下增长黑客人才不会在这里耗费太多的精力，即从头到尾都参与进来并且负责所有主要环节的工作，如制作宣传海报、撰写文案等。增长黑客人才要做的就是给出精准的指导意见，比方说用户的需求、痛点在哪里、在什么时间举办活动比较好，像这些工作就可以由增长黑客人才配合其他人去做。

企业要根据自己的实际业务情况，去规划增长黑客人才的职责内容，具体可以同上述内容有所区别，但也要保持在合理范围内，而且不能随意更改。增长黑客人才的职责越是明确，其工作效率就会越高，所以万不可因为各种原因就将其模糊对待。

-3.3-
职业技能：
增长黑客人才胜任力模型四象限
▼

随着企业对增长黑客人才需求度的不断提高，增长黑客人才的身价、待遇也水涨船高，但这也导致某些人生出了一些其他的想法，企图包装一下自己并混入这个行业，以获得优厚的报酬。虽然增长黑客人才的收益是与其能力牢牢挂钩的，但仍有一些初创企业的经营者容易被其蒙蔽，即便在不久之后发现了"增长黑客人才"的真实面目，但也已经造成了一定的经济损失，这就非常不值得了。

作为新型人才，与增长黑客人才有关的培训课程目前在国内还不算很多，其中还有一部分是只会空谈一些理论知识的低质量培训，所以真正能够胜任这一岗位的人才规模也不是很大。这就导致有些想要向这个方向发展的人成长速度较慢，而企业这边也经常会遇到招不到真正的增长黑客人才的情况。为了使企业能够提高招募到增长黑客人才的效率，我们可以详细梳理一下增长黑客人才需要具备的职业技能，如图3-4所示。

图3-4 增长黑客人才要具备的职业技能

（1）数据分析

在大数据时代，不要说增长黑客人才，就算是企业内部的普通员工都要具备一定的数据分析能力，而增长黑客人才对数据的熟悉程度与应用效果也要强于普通员工才行。关于数据对增长工作的重要性，我们已经在前文进行了详细的介绍，所以增长黑客人才本身的数据天赋很重要。

没错，数据分析这项技能虽然也可以靠后天努力来培养，但不得不说，那些从小数据意识就比较强且接受了正规理论、实践培训的人，在增长黑客这个行业会更具发展潜力。理论知识在数据分析领域还是比较重要的，如果理论功底不牢固的话，就算可以凭借自己的一些小聪明在短期内蒙蔽别人，时间一长也会暴露出来。

就像许久不碰某个乐器的人再上手会有一定的陌生感一样，增长黑客人才如果不能持之以恒地接触数据，那原本敏锐的数据意识也有可能会受到影响。所以，即便企业这边没有施加压力，有自觉性的增长黑客人才在没有被安排工作的时候也会坚持做一些日常的训练，目的是防止自己对数据产生陌生感。

（2）网络营销

增长黑客虽然与传统的营销行业有所区别，却依然不能与其割裂，特别是在网络营销已经成为一种潮流的当前，增长黑客人才就更要具备这方面的技能了。网络营销涵盖的内容很多，下面先来介绍一下应用率比较高的漏斗模型。

我们可以将漏斗想象成营销活动，将漏斗中的沙粒想象成用户，而在漏斗下方接着这些沙粒的容器便是企业——或者将其理解为企业的"钱袋"也可以。成功进入容器中的沙粒越多，企业的增长效果就越是明显，所以增长黑客人才在这一过程中的首要任务就是防止沙粒在中途流失，但能否做到就要看其网络营销的能力如何了。

网络营销漏斗中涵盖的几个要素（图3-5），基本上都能够应用到当前的大部分企业中，其中互联网领域的企业尤为适用。就拿处于漏斗模型中最上层位置的展示量来说，假如企业最基本的产品展示工作都做不好，那又何谈流量呢？暂且不提企业打算以哪种形式展示，正常情况下展示的范围越大，能够成功进入第二阶段的用户就会越多，所以怎样提高产品的展示量，就是增长黑客人才要思考的问题了。

图3-5 网络营销漏斗中涵盖的要素

除了要熟练应用漏斗模型以外，增长黑客人才还要了解一些其他方面的网络营销知识，比方说如何才能打造出具有裂变传播潜力的活动、如何通过内容营销来低成本获客等。网络营销就像一片汪洋，不是短短几天就能探索完毕的，所以在这片海域中越是能够灵活游动的人，自身的优势就越强。

（3）SEO（搜索引擎）优化

SEO优化是增长黑客人才的必备技能，因为这也是拉动企业增长的重要渠道之一，所以必须要将这项工作做到位才行。我们可以将SEO优化代换成电影海报的制作，一般主角会放在比较明显的位置，而配角占据的画面比例就会有所减少，所以人们第一眼能够看到的一般都是处于中心位置的主角。而增长黑客在这里要做的，就是通过一系列手段让企业的推广信息成为更具吸引力的"主角"，而不是处于排名靠后的位置，以吸引到更多流量。

有些不重视SEO优化的企业，在与其他同类型企业竞争的时候可能就会比较吃亏，因为很多时候产品的交易额都少不了SEO优化做出的贡献。当前比较常见的SEO优化手段主要包括下述几种：对企业的网站标题进行优化，以便在用户搜索相应关键词的时候能够像吸铁石吸铁粉一样将其自然吸附过来；控制标题中涵盖的关键词数量，并定时对这些内容进行筛选与调整，有些东西并不是越多越好，足够精准才更容易达到目的；对推广内容进行优化，目的是提高其与标题的相关性，使用户不会有受骗的感觉。

（4）编程能力

具备数据分析能力的人不一定拥有编程技能，但能够熟练掌握编程技能的人却可以将其应用到数据领域中，而且整体的工作效率也会变得更高。虽然也会有人表示这项要求有些苛刻，但增长黑客原本就不是普通的岗位，而是需要更多优秀的复合型人才的岗位。

可以看到的是，现阶段有越来越多的人开始重视对编程的学习，与编程相关的课程更是一抓一大把。说实话，编程如果想要入门难度并不是很大，但这种程度还远远达不到增长黑客的岗位标准，因为增长黑客人才需要借助编程技能去更深入、更高效地剖析数据，从而得出可靠性更强的分析结论。比较初级的编程语言主要包括Python、Java、Scala等，对增长黑客有兴趣的人可以试着从这些课程入手，来检测一下自己与这个岗位的适配程度。

上述提到的这四大象限内容就是增长黑客人才的职业技能，但这并不是全部，事实上增长黑客这一职业目前在国内仍处于发展中的状态，有很多地方还有待完善。所以，无论是企业还是增长黑客人才，都要确定大致的技能需求、学习方向。

-3.4-

团队组建：
企业增长黑客团队中的角色分布

▼

正常的班级至少需要由班主任、班长与各个不同职能的班委组成，没有班长或设立多个班长都会导致班级的正常秩序受到破坏，增长黑客的团队组建亦是如此。我们在本节深入分析一下企业增长黑客团队中常规的角色分布，虽然不同企业对成员的需求情况可能会有差别，但差别程度也不会太大，因为总体架构都是比较相似的。

为什么我们要如此重视团队成员的配置呢？因为不合理的配置会直接导致增长黑客团队的工作效率、质量双双下降，最终将难以完成企业给出的增长任务。所以经营者需要在结合自身实际需求的前提下，多多参考常规的增长黑客团队配置，以此来检验自己的团队是否合理，或是为组建团队寻找一些方向，具体内容如图3-6所示。

图3-6 常规的增长黑客团队配置

（1）团队领导者

在这里需要先对团队领导者与增长经理这两个极容易被混淆到一起的角色进行职责区分，双方的共同点在于本身需要处理的事务相对都要更复杂一些，与其他所扮演角色比较"纯粹"的成员相比，他们背负的压力会更重。但双方的差异之处也很明显：领导者就像班主任，增长经理则更像被班主任管束的班长，虽然双方都具有不同程度的管理权限，但前者的职责中"领导"的成分会更显著一些。

领导者通常需要起到为团队指明前进方向的作用，并需要负责团队中方方面面的事情，而不是单纯针对某一领域。在准备做出某些重大决策的时候，团队也要更多地跟随领导者的意见。所以，领导者这个角色虽然看起来很是风光，真正上手去干却困难重重。不过，优秀的领导者能够带动整个团队的工作氛围，并且能够降低团队在执行任务时的出错率，因此在挑选领导者的时候，必须要格外慎重。

（2）增长经理

某些企业在一开始只具备在领导者与增长经理两个角色中选择一个的能力，不过后续也会慢慢完善团队的架构。增长经理的压力虽然没有团队领导者那么大，但也有自己需要承担的责任与义务，其主要的工作职责一般包括：根据团队情况为各个成员分配资源与任务、制定合理有效的增长目标、优化不理想的业务指标、配合团队快速推动项目进度或让相关方案快速上线等，如图3-7所示。

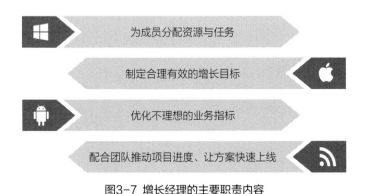

图3-7 增长经理的主要职责内容

增长经理是必不可少的职位，即便是在企业的发展速度还没有达到相应标准、短时间内还无法组建完整的增长黑客团队时，也要尽快将能够担任增长经理这个角色的人员选出来，毕竟团队领导者在某种程度上不能完全代替增长经理。

（3）增长工程师

增长工程师必须要具备熟练掌握编程语言的能力，但就国内当前的情况来看，对编程人才的需求量很大，但专门针对增长这一领域的需求却还不是很明显。不过，自身编程能力很强且精通增长黑客知识的人才，在市场中的竞争力也是很强的。一般情况下，刚入门的编程人员无法从事增长工程师这一职业，至少要有一年以上的相关工作经历才行，且掌握编程语言的程度也不能只是停留在初级水平，必须要达到精通的程度。

增长工程师平时会比较频繁地与数据打交道，这也是其本职工作之一，但并不只有这么简单：他们需要通过编程技术去进行产品或服务的优化，以便带动数据的增长，并且要与产品团队密切接触，目的是配合其他部门的成员制订出最优化的数据工程方案。总之，如果只是对增长黑客的研究不够深入，还可以在后期通过一系列培训来补充这方面的不足，但如果本身的编程能力比较薄弱，那基本上就没办法胜任该岗位了。

（4）数据分析师

数据分析师与增长工程师在工作内容上会有一定的相似性，因为二者都需要频繁接触数据，且都会涉及数据的处理、分析。但相比之下，数据分析师的工作职责会更加精简，不像增长工程师那样需要考虑过多的事情，大部分精力会放到各类数据问题上，如采集数据、借助智能工具对数据进行可视化的整理、通过数据分析去找到需要改进的地方等。另外，数据分析师也需要具备一定的编程能力，但一般不会像增长工程师一样要求那么高。

（5）增长设计师

增长黑客本就偏向营销领域，各个企业在平时也需要用较高频率去策划具备创意感的高质量营销活动，希望能够借助营销活动实现用户自发传播的引爆式效果，而这时就需要增长设计师这个角色发挥力量了。增长设计师主要负责的就是企业产品，但与传统时代的产品设计师相比，其必须具备敏锐的增长思维。

过去，产品设计师在设计或优化产品的时候，会更多地考虑产品是否满足用户需求、是否符合市场潮流等。增长设计师则会同时关注各项数据指标，而不仅仅是与用户进行沟通，要思考自己做的每一个决定是否能够发展业务，进一步提高产品的价值。只有这样，才能更高效地带动用户增长，而不会使自己陷入被动局势中。

国内比较成熟的增长黑客团队在当前还不是很多。有数据分析能力、产品设计能力的人才虽然不少，但同时具备增长思维且能够将其应用于实践活动中的人才在当前比较稀缺。不过，毕竟企业的经营不是过家家，很多事不是将就一下就能解决的。所以，企业可以放慢搭建团队的速度，不要过于放低自己的标准。

3.5

招聘技巧：
如何招到有真才实学的增长黑客人才

▼

优秀的增长黑客人才能够为企业带来较以往更多的财富，而侥幸进入企业的"伪装者"则只会无意义地消耗企业资源，就算能够为企业带来小幅度的增长，整体效果也无法与真正的增长黑客人才相比较。那么，企业究竟该如何筛选、辨别人才？怎样才能招到更多有真才实学的增长黑客人才呢？

不要忘记增长黑客这一概念出现的背景，当时所谓的营销人才对创业企业帮助不大，所以许多创业者才发出了共同的呼声：我们需要更多的新型人才。但在当前，仍有许多企业陷入这样的困境中：有许多前来应聘增长黑客岗位的人，但其对增长黑客并不了解，本质上依然带着常规营销意识，而没有什么新的突破。

如果企业能够将这些伪装者精准辨别出来，就不会对自身造成什么损失，但怕就怕有些求职者将自己包装得太好，使企业为此而浪费不必要的时间与金钱。下面，就来总结一下企业在招聘增长黑客人才时可以使用的一些技巧，如图3-8所示。

增长黑客
营销实战全攻略

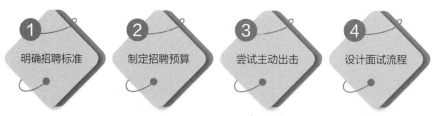

图3-8 企业招聘增长黑客人才的技巧

（1）明确招聘标准

增长黑客人才能够为企业带来诸多帮助，这一点毋庸置疑，但企业也不能因此而过于心急，即在任何标准都没有制定的前提下就开始招聘工作，这样只会使其与真正优秀的人才擦肩而过。虽然增长黑客人才群体具备一些共有特征，但企业经营者也要保持清醒头脑、有自己的规划才行，招聘标准越模糊就越容易导致招聘工作的后续效果不可控。不过，这些标准有些是可以通过书面文件展示出来的，有些则是默默放在心里就可以了。

① 学历背景　虽然说学历并不是评判一个人优秀与否的唯一标准，但面对增长黑客这一重要岗位，企业至少也要在学历方面设置一些门槛才行。因为增长黑客并不是普通人可以胜任的，它需要应聘者有丰富的经验、专业的理论知识与实践能力，所以经营者可以在面试过程中根据求职者的表现来放松在学历这方面的要求，但工作经验却是必须要有的。

有些没什么经验的小微企业认为增长黑客人才经验少一些也没关系，然而正是这种处于不稳定发展期的企业才更需要从业经验较多的增长黑客人才。当然，具体情况还是要根据企业现状与面试情况来定，但无论如何企业也不能随意降低自己的标准，这样只会导致求职者的专业度随之下降。

② 行为素质　增长黑客人才的行为素质是面试官需要在心里做评判的内容，虽然有些企业也会将一些常规的行为要求写在招聘内容中，但有一些结论还是需要通过双方的沟通交流才能得出来。就拿最基本的团队意识来说，增长黑客人才不是一个绝对的个体，如果其性格孤僻且非常拒绝团体协作模式的话，那即便其具备的一些技能确实很优秀，企业也要斟酌一下再决定是否录用。

毕竟增长黑客人才的正常工作也要与其他部门有交集，需求传递不到位或信息不对等的后果可能会非常严重。另外，增长黑客人才的人品素质虽然不能通过简单的对话直接看出来，但一些小细节也是值得推敲的。企业必须要明确自己需要的人才要拥有的行为素质，否则无异于是为企业增加风险隐患。

③ 技能优势　增长黑客人才的技能优势无疑需要经营者更加谨慎地思考，因为这将决定增长黑客人才在企业内要负责的岗位职责与其能够为企业做出的贡献方向。在这里，经营者需要针对技能优势这一点将其分为两个层面：其一是比较基础的技能层，即大多数增长黑客人才都要具备的技能，如数据分析、SEO优化等；其二是更为关键、能够决定增长黑客人才综合价值的核心技能，就像游戏中某些角色专属的必杀技一样，能够使其在增长黑客人才群体中变得更加引人注目。

但是，并不是所有的增长黑客人才都具备核心技能，有些人虽然拥有新型营销理念和基础技能，却不具备专属的优势。当前核心技能还没有明确地限定范围，只要具备一定的专业性且能够为增长工作带来帮助，就可以成为一个加分项。

比方说对心理学有研究且已经考取了相关证书，具备这种技能的人往往可以更高效地与用户沟通、剖析用户的深层需求，从而在低成本的前提下实现更稳定的增长。当然，心理学也只是核心技能中的一种，具体还是要看企业对人才的需求与人才自身的综合情况。如果有些人连基础的职业技能都不具备，那这加分项便也没有用处了，企业必须要平衡好二者的关系。

（2）制定招聘预算

有经验的面试者会在面试环节正式开始之前就制定好相关的招聘预算，并在此基础上做好适当扩充的准备，而不是对增长黑客人才的薪酬待遇规划一片空白，这样很有可能会出现两种结果：其一，因为薪酬与求职者的心理预期相差过大，求职者感觉企业的专业度较低，最终没有选择加入企业；其二，企业以较高的薪资将其招了进来，但由于该员工的综合价值与其拥有的薪资水平并不匹配，所以企业也会有损失。

制定招聘预算只是为了给面试者提供一个衡量人才价值的参照点，有些增长黑客人才确实值得更高的薪资，但也有个成语叫量力而行。初创企业在挖掘人才这方面的能力本来就比其他的成熟企业要差，如果完全没有预算规划，而是抱着惜才的心理任由对方开价的话，那企业一开始就会陷入被动局面。薪资方面可以由双方合理商定，但面试者心里也要有一把尺子，否则还没有等人才大展身手，企业的经济压力就已经增加了。

（3）尝试主动出击

前面说过了，初创企业的实力、竞争力都比较弱，所以有时候连选择的机会都没有，很多人才都会直接看向知名企业，而不会选择初创企业。在这种时候，企业就必须要尝试主动出击了，否则一再等待只会使原本就不大的人才规模变得越来越小，在明确自身优势与制定了合理预算的基础上，企业可以敲定几个主要的人才搜索阵地。

比较常见的阵地是各大论坛或知识问答类平台，企业可以适当缩小范围，将搜索目标集中到业务相关的领域内，看一看有哪些人的优势比较明显，而后向其发出面试邀约。另外，有些互联网企业也会尝试着前往某些自媒体平台去寻人，可以将目标锁定在那些粉丝量较多、产出质量较高的行业大牛身上。当然，后续的沟通与邀约也要掌握技巧，且最后也不一定能成功，但勇敢尝试总比停在原地被动等待要强得多。

（4）设计面试流程

面试流程的设计也会对高质量人才的筛选起到作用，比方说有些企业就只有一轮简单的常规面试，这样就很容易让那些伪装者蒙混过关，因为有些方面没办法通过普通的交流被检测、判断出来。所以，针对增长黑客人才，企业最好要对面试流程进行一定的优化，最起码也要使面试流程不少于两轮，这样才能更客观、精准地对其做出评价。如果有必要的话，企业还可以增加笔试、群面等环节，这样可以更全面地了解对方，以免做出错误的评价或决策。

现阶段国内的增长黑客人才规模还不够大，而且很多企业也没能对这个职业做出准确的职责界定，有些只是跟风去招人，这样做的结果就可想而知了。如果想要招到真才实学的优秀人才，那企业也必须将自己的态度端正起来，否则只会引来一些不符合条件的人，反倒为企业的招聘工作增加了难度。

案例

Uber增长黑客团队的组建经验

Uber创立于信息产业较为发达的美国硅谷，因为后期开发出了一款能够帮助人们便捷出行的打车类App而变得格外有影响力。Uber被研发出来之后，以比较稳定的速度陆续进入了全球各国的市场中，业务范围也因此而得到了进一步扩大。但是，Uber的早期发展也不是那么顺利，能够在后来获得各种荣誉与较高的收益，其组建的增长黑客团队做出了很大的贡献。

首先，我们可以先来研究一下早期的Uber是如何实现初级增长的：在没什么人听说、使用App的时候，Uber的团队决定先发起一波免费的福利，即在人流量比较多的热闹场合提供免费的接送服务。这种行为在当时看似很亏本，却为Uber之后的增长做了铺垫，因为团队成员的头脑普遍都很清醒，明确知道只有拥有基础流量才能进行下一项工作。

在Uber的用户量慢慢增多之后，团队又陆续推出了许多营销活动，且活动反响大多也很不错。那么，Uber的增长黑客团队究竟是如何组建的？在组建团队的过程中有哪些方法与技巧？Uber的团队角色又有哪些呢？我们可以分析一下Uber前增长专家Andrew Chen的讲话内容，来提炼一下Uber在组建团队方面的有用经验，如图3-9所示。

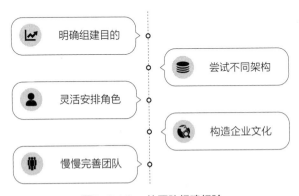

图3-9 Uber的团队组建经验

（1）明确组建目的

Uber虽然创立于2009年，但正式开始组建增长黑客团队却是2013年左右的事情。而Uber本就诞生于美国硅谷——这个对增长黑客概念有着深刻解读的地方，所以其对于增长黑客团队肯定不会感到陌生。

之所以没有选择在刚刚创立企业之初便组建团队，一方面是因为这并不像用积木盖房子一样简单（组建团队这件事从表面上看就是将几个具备不同技能的人拉到一起，但实际上这一过程会遇到许多困难）；另一方面，组建一个团队是需要理由的，但这个理由不是笼统的"我需要一个增长黑客团队"，而应该向更深入的地方延伸，如：我需要这个团队做什么？想要达到什么样的效果？

很显然，Uber在运营中期大致明确了自己的组建目的，所以其便做出了组建团队的决定。Uber希望增长黑客团队可以使App的生命周期变得更加长久，并且能够持续推进一个又一个的进阶目标，而这些只有团队才能实现，一个人是难以做到的。当前的很多企业虽然组建了增长团队，却并不知道要用这把"武器"去做什么，这就导致团队的价值白白被消耗，而企业却感受不到其做出的明显贡献。所以企业必须要事先将组建团队的目的明确下来，不要在草图还没绘制出来的前提下就急着进入制造、生产的环节中。

（2）尝试不同架构

Uber的运营时间已经超过了十年，而在此期间Uber也尝试了许多不同的增长黑客架构，并没有完全固定在某一特定的组织架构中。Uber需要的是能够为企业带来持续增长的团队，当某种组织架构已经不能跟上企业发展的节奏或与某战略内容不适配的时候，该架构就被调整或直接清除了。

尝试不同的组织架构是增长黑客团队组建过程中的必经之路。不过有些企业并没有这种意识，因为其认为团队的组织架构一旦确定下来，就无须再耗费时间对其进行优化了。在团队架构还没有出现问题的时候，这种想法确实没什么问题，但就怕有时候问题已经出现了，企业却依然因为"没必要""组织架构变动太麻烦"这些理由而拒绝对其进行调整。要知道，Uber自从开始组建增长黑客团队以来，已然尝试了大量不同类型的组织架构，而事实证明这并非是无用功，因为Uber的增长黑客团队在后期确实做出了较大的贡献。

（3）灵活安排角色

关于增长黑客的角色配置这一点，许多企业都应该学习一下Uber的灵活安排理念。在很多经营者的固有思想中，一个团队的角色如果没有意外情况，是不应该随意变动的，即团队组建之初的角色是什么样的，在后期角色最好保持不变。然而Uber却推翻了这种常规的思维模式，而是更偏向角色的灵活变动形式。

举个例子，Uber如果要针对某激励方案做出决策，就必须要依靠财务人员，通过其给出的建议与数据依据来做决定。如果其在某一阶段面对的是另一项任务，那可能我们在前文提到的增长设计师这一角色就暂时不需要了，取而代之的可能是与任务所需技能相符的其他角色。也就是说，Uber并不是只依靠于某单一的增长黑客团队，这个团队的角色会根据项目内容、内外部环境等因素而改变。

这样的团队组建形式虽然可能会使团队成员的磨合期有所增加，但从整体角度来看，比起那种从头到尾没有一个角色出现改变的固定式团队，经过灵活调节的团队会更安全一些，因为其更能适应不断变化的环境与项目要求。

（4）构造企业文化

经营者不能疏忽对企业文化的构造，因为这对于增长黑客团队的工作效果、工作积极性也会造成一定影响。Uber虽然走的是全球化战略布局路线，但其在做出每一个业务扩张决定的时候，也带有很强的风险性。

然而在这种时候，如果企业的文化理念比较保守，不支持这种实验式的前行手段，那增长黑客团队在工作时将会受到很大的制约。测试工作本身就是风险与机遇相融合的，到最后会偏向哪一方谁也不知道，但直接拒绝的话无疑会距成功的目标点越来越远。企业文化、高层人员对于增长黑客团队的态度，这些都会直接影响到团队的工作状态，所以这也要求企业经营者必须要真正领会增长黑客的实验思维，才能更好地组建、管理团队。

（5）慢慢完善团队

即便是Uber，也不能说自己的增长黑客团队绝对完美，已经到了无须优化的成熟阶段。增长黑客团队需要不断完善，只要企业的项目、任务还在不断更新，那团队就不可能到绝对固定、无须任何优化的程度。有些企业在组建团队时太过心急，希望团队能够尽快为企业创造财富，却并不注重团队与企业实际环境的匹配效果，这样是很难使其充分发挥作用的。

最后，还要强调一点：Uber本身的企业文化比较有活力，不会拘泥于固定化的事物中，所以其他企业也只需借鉴Uber在组建团队时的一些实用经验即可，一定不要抱着全盘复制的思想去对待自己的团队。适合别人的不一定适合自己，经营者可以不断吸收新知识，但不能完全没有独立思想，一味地跟随其他企业的节奏。

第4章

产品第一：
所有技能都是在为好产品锦上添花

———

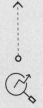

增长黑客只是能够增强企业营销能力的辅助工具而已，它虽然具备诸多优势，却依然要依赖于产品。在某种程度上，增长黑客与产品也是相互促进的关系，企业必须要重视与产品有关的各个工作环节，因为这将直接决定产品最终的质量。只有产品在市场中得到广泛好评，企业才能实现健康增长，所以增长黑客团队还需对PMF、MVP等重要概念有所了解。

-4.1-

核心逻辑：
"一款有增长前景的好产品"背后的意味

▼

学校里，老师在办公室聊天的时候，经常会给出"××很有考重点大学的潜力""××的艺术细胞很好"等类似这样的评价。很显然，虽然这并不意味着老师们口中的学生一定能在某个领域成功，但这些被点名的人胜算往往会更高一些。企业也会像老师一样对产品做出评测，即会对某款产品给出"有良好发展前景""有增长潜力"这样的评价，但有一个关键问题也随之而来：这款产品真的具备增长前景吗？

每个企业都要有自己的核心产品，就像微信之于腾讯、淘宝之于阿里巴巴。然而在市场环境愈发复杂的当下，很多企业无法准确评估自己正在研发、即将要投入市场的产品是否具备较强的增长能力，间接导致产品的后续活动受到影响。会出现这种情况，主要还是因为经营者对优质产品的内涵并不了解，其并不知道具备哪些特征的产品受市场欢迎的概率会增加，所以也能反映出其在产品研发阶段所做的功课不够这个问题。下面，我们就来研究一下"一款有增长前景的好产品"这一评价背后的意味，如图4-1所示。

图4-1 "有增长前景的好产品"应具备的特征

（1）符合市场需求

《王者荣耀》受不受欢迎？是否具备增长前景？想必绝大多数人会给出肯定的答案。然而如果将《王者荣耀》放到一个中老年人居多的村子里，那对村民而言，这款在市场上火爆的游戏App的价值可能还没有一头刚出生的小牛高。所以是否符合市场需求的关键还是在于企业是如何定位市场的，企业要做的不是满足市场中所谓的有潜力人群，而是要与自己的业务方向相符。

就像过去，基本上所有电商网站的注意力都放在年轻的购物群体上，而中老年人与那些网购条件不是很好的地区的消费群体，被贴上了"无锁定价值"的标签。拼多多直接撞开了下沉市场的大门，成为了快速增长的典范。所以，企业必须要做好目标市场的定位，在评估了目标市场的开发价值之后，要努力让产品的功能、性质向主要消费群体靠拢。

（2）具备创新卖点

没有人会喜欢一看就是复制而来的产品，如果涉及抄袭行为，产品连同企业会被绑定在一起，变成消费者眼中使用不正规手段去获利的抄袭者。不过，随着国内对知识产权的保护力度越来越大，这种行为目前已经较过去少了很多。企业还是要将重心放在产品的创新卖点研究上。

为什么某些网红产品能够快速走红？暂且不提其生命周期有多长，消费者经常会被那些具有新奇特点的产品吸引，而这也是产品增长的初期推动力。举个例子，洗发水在人们的常规印象里，向来都是带着比较淡雅的香气，如桂花香、玫瑰香等。然而新生品牌"植观"却在2019年推出了一款榴莲味的洗发水，这款洗发水在上市后被抢购一空，"植观"也正式走进了人们的视线中。

之所以会举"植观"这个例子，是因为"植观"是产品创新的一个正确示范，其优势在于会令人们感到新奇，同时满足了榴莲爱好者的需求，而且洗发水的味道也不会引人反感。与之相对的是某些没有找到正确创新路线的企业，虽然也有了所谓的"创新"点，但却并不具备增长潜力，比如具有十足辣味的雪糕。这种雪糕乍一听似乎很有设计感，即能够将辣味与冰激凌的冰冻口感结合在一起，但即便是酷爱吃辣的人都表示不能接受这个味道，所以这种辣味雪糕也只是短暂地掀起了一阵风，而后便无影无踪了。

（3）核心价值明显

企业要明确，一款产品可以拥有多种功能，但一定要将产品的核心功能做好，这样才能使其价值得到大幅度增长。就拿冰箱来举个例子，如今冰箱的智能化程度越来越高，造型也越来越多样化，然而其核心功能却只有一个——制冷。假如冰箱连制冷都做不到的话，哪怕其植入了新型的点触技术，其增长前景也不会太好。毕竟没有人希望自己一打开冰箱，看到的是因为制冷能力不到位而腐坏变质的食物。

核心功能不一定是产品的最大卖点，但却是支撑产品在市场中生存下来的最大倚仗。企业在研发产品的时候，第一个标准就是要保证产品的质量，而不是光想着创新却忽略了质量，这样就本末倒置了。另一方面，并不是将所有受欢迎的功能汇总到一起就算是好产品了，这样反而会使产品失去原有的优势。

（4）能够持续使用

除去某些一次性的特殊产品，当前市场中的大部分产品还是要具备可持续使用的特点，因为只有这样才能使产品拥有更稳定的用户群体，从而实现进一步的增长扩散。就拿最常见的衣服来举例，有些网店中的衣服虽然看起来很不错，刚拿到货的时候上身效果也还可以，但穿了没几天就发现衣服出现了很明显的开线情况，这种情况就很难使网店拥有忠实的品牌消费者。

特别是像桌椅板凳、厨房用品这些日常使用的产品，产品的耐用性要更强。大部分消费者会选择购买某产品，一方面是受产品某些功能或外形的吸引，另一方面也是希望产品的性价比可以更高一些，让自己有占到便宜的感觉。所以，如果没有其他特殊原因，企业最好努力延长产品的使用寿命，这样才能使其的增长前景更加清晰。

（5）使用难度不大

虽然当前社会信息技术进步速度较快，5G、智能化等概念也慢慢融入人们的生活，但这并不代表产品的使用难度也要随之加大。就拿小米的智能家居系统来说，这种应用了智能技术的系统无疑是高科技的产物，然而小米在研发产品的时候，却在想方设法向便捷操作的领域靠拢。

试想一下，假如你研究如何使用智能系统的时间远远超过了常规手动操作的时间，那你还会对这种智能产品抱有好感吗？你还会二次付费吗？诚然这种技术类产品在操作上对老年群体来说可能还是会有一些难度，但至少应该不会令主要消费群体感到烦琐、难上手。

一款有增长前景的好产品并不是经营者觉得好就可以，也不是由增长黑客团队说了算的，而是要看消费群体给出的评价，产品的盈利与口碑情况就是最好的证明。此外，一款好产品也远不止上述几个特征，企业还要学会挖掘更多的产品潜力点才行。

-4.2-
需求验证：
真需求与伪需求间的检验标准
▼

毫无疑问，企业如果希望借助产品获得市场、扩大增长空间的话，就必须要精准戳中用户的需求点。这一点其实大部分经营者心里都有数，但是经常会有人找错用户的需求点，而且还很自信地认为自己打击到了用户的痛点，耗费了很多人力、物力与资金之后才发现，一开始就找错了方向。

其实在生活中，也有很多这样的人，他们自认为对某个朋友很了解，但事实是其做的许多事都不是朋友想要的，所做的一切只是在感动自己而已。凭借主观臆断去断定他人的需求是非常不可取的，而企业了解目标用户的需求远远要比朋友之间的交流难得多，所以无论是经营者还是增长黑客团队都必须要具备一定的需求验证能力。那么，究竟如何判断自己挖掘到的需求就是用户的真实需求呢？可以参考下述几项检验标准，如图4-2所示。

图4-2 检验用户真伪需求的标准

（1）产品对用户是否具有实质性帮助

首先，最重要的一点：企业开发的产品对用户是否具有实质性帮助。就拿跑步这件事来说，目前有很多大学都将跑步加入到学生的日常计划中，即每周或每个月必须要打卡多少千米才算完成任务。当然，我们不排除有一部分学生是真心喜欢跑步，但更多学生是因为必须要完成任务才会选择去定时定量打卡的。

所以在这种时候，学生的表面需求可能是一双舒适的跑鞋，实际上其更想要的应该是无须跑步即可自动记录公里数的"黑科技"——当然，这是一种不可取的行为，我们要强调的只是企业必须要洞悉产品是否能够与用户需求挂钩。举个例子，有时候忙碌到深夜的加班族需要的并不是什么护眼工具，其更需要的或许是网速更快的电脑、智能化程度更高的办公软件等。传统的营销人员多喜欢用自己储备的知识与经验去判断问题，但却没有捕捉到用户真正的需求方向，假如只是伪需求的话，再多的营销也只不过是在白费功夫。

（2）是否有多问几个为什么

"妈妈爱吃鱼头而不是鱼身"这个故事想必很多人都听说过。虽然我们知道这是母爱的表现，但也可以借此以刨根问底的问答形式来剖析这个例子：妈妈为什么只吃鱼头 → 因为妈妈喜欢吃鱼头 → 那妈妈为什么不给我吃鱼头呢？我也

想尝尝鱼头的味道 → 因为鱼头没有鱼肉美味 → 既然这样，那妈妈为什么不吃更美味的东西呢 → 因为妈妈想把最好的食物都留给我。这时候，答案就浮出水面了。

虽然对用户需求的剖析肯定比吃鱼头的案例要难，但同样也可以多用几个为什么去对其进行验证。就拿美妆市场中比较热门的粉底液来说，当消费者问出"这款粉底液是否能够自然遮盖痘痘"这个问题的时候，增长黑客团队就可以顺势推导下去了：从表面来看，消费者需要的是更通透、更自然的粉底液，那么为什么其会产生这种需求呢？为了遮盖自己的痘痘。那么消费者更深层次的需求是什么呢？是不会闷痘、不会让肤质变差的粉底液。

当然，如果团队愿意的话，也可以再问一些为什么，如为什么消费者需要不会闷痘的粉底液？这对其有什么帮助？这里的答案可以有很多种，比方说因为工作原因必须要涂抹粉底液让自己显得更有精气神，或是因为要与朋友或恋人出去玩而为了让自己显得更年轻、更漂亮等。总之，尽量推导到更深的层次，这样才能更精准地挖掘出用户的真实需求。

（3）用户的"胃口"是否已经满足

有时候，团队找到的用户需求并不是假的，只是其在这方面的需求早已得到了满足，自然就不会再那么容易地产生付费冲动了。就拿拼多多来说，其在当前已经满足了大部分下沉用户的购物需求，即便宜、实惠、好上手，所以即便很多企业都捕捉到了下沉用户的需求，也暂时没办法动摇拼多多的地位。再开发一个产品价格更低、针对下沉市场的平台，这样做并不会使其获得更多的流量，因为一个拼多多就已经让用户"吃饱"了，这时候企业再抱出一个更大的电饭锅，用户连看都不会看一眼。所以，有时候学会剑走偏锋也很重要。

（4）需求与产品是否具备连带关系

当你在日常生活中感觉自己的皮肤状态不太好的时候，第一反应可能是拿出一些护肤品涂抹到皮肤上或是贴一张面膜，而不是立刻吃几片号称能够改善皮肤状态的维生素。所以在这个场景中，虽然某些维生素确实与皮肤好坏有一定的关系，但当用户出现皮肤方面的问题时，第一时间想到的却不是维生素。

所以有时候用户的需求确实存在，而且并不是伪需求，只是其在产生需求的时候，第一时间想到的不是企业开发的某产品。这就要求企业不仅要找到用户的真实需求，还必须要让产品与其真实需求之间建立起一条紧密相关的连通线，就像人渴了会喝水、困了就会睡觉一样，使用户能够在有需求的时候立刻就想到产品。说到这里，王老吉凉茶就做得很不错，"怕上火就喝王老吉"这句宣传语的影响力很大，也强行改变了人们关于上火的一些常规做法。

（5）需求实现的过程是否面临阻碍

想要定义用户的真伪需求，还要分析一下其在需求实现过程中是否会遇到阻碍因素，如果存在阻碍因素的话，那就说明企业对用户需求的探索还是不够全面、深入。举个例子，刚刚"升级"成为监护人的新生儿父母，在带孩子的过程中经常会因为时间、精力的不足而出现许多问题，其中最令监护人感到担忧的就是婴儿太过脆弱，有时候安全保障做不到位就会出现严重的后果。面对这个问题，市场中有一些企业推出了智能化的工具，如具有监控、报警系统的智能婴儿床。

然而，一方面这种智能工具的价格比较昂贵，对普通家庭来说比较难以承受；另一方面，这种智能设备的研发本质上虽然是为了升级婴儿的安全环境，但有时候智能化程度偏高也会令人感到担忧，如担心模拟摇晃系统会失控、自动跑步模式会令婴儿出现碰撞等。这些就是阻碍用户付费的原因，也是企业解决问题的主要方向，只有攻克这些问题，才能让用户打消疑虑。

尽管辨别用户真伪需求的过程并不简单，但这是企业必须要做的工作，否则各个部门的成员不光是在白忙活，企业还有可能会因此而造成经济、口碑等方面的损失。

-4.3-

产品调研：
"丐词魔术"是产品调研的第一天坑

▼

　　产品调研有多重要？它直接决定了企业后续的产品研究方向。就如你要请一群同事到家里吃饭，你必须要提前了解每个人的口味与忌讳，这样才能在当天顺利将菜做出来，并尽量保证每个人都能吃得开心。但如果有个同事是过敏体质，不能吃与海鲜相关的食物，你却没有了解到这一点，从而在熬制的粥里加了一些不起眼的虾肉，最终导致的结果也就可想而知了。

　　不要觉得这是一件小事，这个例子中的同事可能会因为不愉快的用餐体验而疏远你，其他人也会觉得你做事不细心、不谨慎，从而导致你的工作能力受质疑、同事关系变差。而产品调研与其在本质上是相同的，只是受众由同事换成了目标用户而已。如果产品调研工作没做好的话，呈现给用户的作品就很难收到好评。所以我们就要提到一个会对产品调研质量造成影响的概念——丐词魔术。

　　这个概念属于哲学领域，理解起来会比较复杂，所以我们同样也通过举例的形式来对其进行简要说明。假如某人问了你这样一个问题："你最近为了减肥吃得这么少，是不是因为想要获得××的关注？"这种时候，假设你并不是因为减肥才吃得少，如果你回答"是"的话，无疑就是同意了对方的观点；如果你说"不是"的话，也同样对前半句提到的"减肥"这个观点表示了肯定。所以，无论从哪个角度来作答，这个答案都是不具备参考意义的。

　　那么，丐词魔术与产品调研又有怎样的关系呢？其实大部分人都有过在网上填问卷的经历，但很多时候问卷的回收分析效果不是很乐观。即便将那些明显就没有认真作答的人排除掉，剩下的答案依然不能当作绝对正确的统计依据，因为调研问卷本身的题目设置就可能存在较大问题。举个例子，某游戏App向玩家发放了一份调研问卷，其中有一个常见问题是：你最喜欢/最不喜欢游戏的地方是什么？而后为每个问题都罗列了四个选项，却并没有设置自定义回答的内容栏。

这样做的问题在哪里呢？其实本质上就和我们之前举过的减肥例子是一样的，可能用户对游戏喜欢或不喜欢的理由并不在这四个选项中，然而问卷又没有给出自行回答的空间，所以用户就只能勉强选择一个与自己的心声比较相似的选项，或是干脆随便选一个了事。这就会直接导致团队在收集用户作答数据的时候，收集到的有很多是伪需求，而非用户的真实需求。

很多初创企业经常会踩到产品调研的大坑里。团队觉得已经做好了充分的调研工作，也了解了用户的需求倾向，于是便开始信心满满地筹划产品开发方案。等产品正式走进市场的时候，面对着寥寥无几的使用者与低于平均水平的评分，团队便会发出"为什么会这样"的疑问。那么究竟要怎样才能做好产品调研这项工作呢？具体内容如图4-3所示。

图4-3 高效完成产品调研的方法

（1）敲定调研目标

如果连增长黑客团队自己都不知道为什么要做调研工作、做这项工作想要得到什么，那我们几乎可以断定，这次产品调研只会是白费时间。产品调研的目标决定了调研的形式、方法，也为团队提供了清晰的调研方向，而不是将所有问题都问一遍，这样不会使参与调研的用户感到迷茫。比较常见的调研目标包括找到产品存在的不足点、找到用户尚未被满足的需求点等，具体还是要看产品的性质与市场状态。

（2）有效对接用户

产品调研不是参考其他企业的问卷模板模仿着做一个，而后将其发给产品的使用者那么简单，最关键的问题在于没有人能保证自己设计的问卷一定不会出现丐词魔术的逻辑情况。哪怕问卷中只有一个问题出现了这种情况，对产品的后续优化也是很致命的。

当然，也许会有人说，那就将所有不确定的问题都设置一个对应的自由作答区不就可以了。首先，用户有时会为了拿到奖励而随意作答，即便没有理想的选项也不会耗费时间去自行填写答案；其次，用户毕竟不是行业内专业人员，因此难免会出现表述不当的情况，很有可能对团队成员造成误导。所以团队还是要更有效地对接用户才行，比方说邀请一些具有种子用户特征的目标人群来参与调研，期间可以有更直接的交流，这样可以使产品调研的结果更加精准。

（3）扩大信息采集渠道

产品调研并非只有问卷调查这一个渠道，互联网大环境能够为团队提供更多的可行方案。还是拿游戏类App来举例，团队完全可以前往各大应用商店去采集App的下载量与评分情况，以及评论区内用户给出的反馈——有时候这些反馈要比问卷调查真实许多。除此之外，团队还可以直接将那些对App贡献度较大的玩家提炼出来，而后以各种形式进行用户访谈。无论如何，扩大信息采集渠道是很有必要的。

（4）做好成员分工

想要高效完成产品调研的工作，就必然离不开一个配合得当的团队，这件事既不能完全交给一个人去做，也不能让团队成员的职责划分过于模糊。就拿前面提到的信息采集渠道来说，完全可以让不同成员去负责不同的信息渠道，而后再让数据分析者来做后续的数据整理、分析工作，期间最好再指定一名负责人来做协调工作。总之，团队完全可以根据调研目标与渠道情况来做内部的职责划分，但一定要避免出现所有人都去抢着做同一件事或很多人无事可做的现象。

（5）制作调研报告

当与用户对接的工作差不多完成后，团队就可以指定一名或两名成员去制作产品调研报告了。这份报告的完成质量非常重要，因为其将会成为团队后续工作的指引，如果出现内容有误或漏掉重要信息的情况，那就会耽误任务的进度。常规的调研报告需要具备调研目的、背景、分析思路与结论，且要配备大量的调研数据，不能通篇都是主观臆断的文字。

产品调研这件事看似很简单，但很多团队都不能将这件事真正做到位，就算给出了最后的调研报告，报告内容也毫无理论依据可言。有时候一家企业之所以能推出备受消费者欢迎的产品，就是因为其抓住了产品调研的技巧，能够深入探访用户的心，只有精准捕捉用户的真实需求，才能打造出具有增长潜力的好产品。

4.4
PMF：
那些可量化产品与市场匹配程度的数据指标

▼

普通员工可以不知道PMF这个概念，但增长黑客团队的成员如果也不了解的话，就证明其并不能很好地胜任这个岗位。PMF是增长黑客人才在工作过程中必不可少的助手，其能够帮助增长黑客人才更高效地完成任务。那么PMF究竟是什么呢？

将PMF展开分析，其全称是"Product Market Fit"，一一拆分开分别对应的是"产品""市场""适合"。将这些翻译后的关键词组合到一起，我们就可以简单理解PMF的主要应用方向了：检测你的产品同市场是否适配，你的目标用户是否愿意为产品买单。每年有很多宣告倒闭的企业，虽然促使企业倒闭的原因往往不止一个，如内斗情况严重、员工毫无工作积极性等，但主要原因还是产品没有市场。

假如产品与市场的匹配程度很高，那企业就会拥有较为显著的增长，这时候至少企业在资金方面的压力是比较小的。所以长期没有市场的企业，就很容易走向那个大家都不希望看到的结局。为此，互联网领域的Andreessen就这一问题提出了PMF这一理念。

如果企业能够找到适合自己的PMF，那产品投入市场后的成功概率就会大大提升，但关键在于很多人不知道要通过哪些数据指标来对匹配程度进行准确衡量。不同类型的企业对数据指标的主要关注点也不一样，我们来总结一下比较常见的指标内容，如图4-4所示。

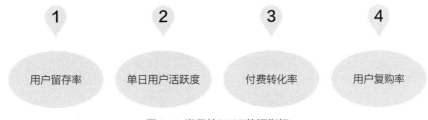

图4-4 常见的PMF数据指标

（1）用户留存率

用户留存率是互联网企业比较关注的重要指标，因为该指标能够直接反映出用户对产品的看法。虽然企业的经营环境很复杂，但用户的心思在某些方面可谓相当单纯，没有人愿意在手机里保留一个自己不喜欢或毫无用处的App，而那些正好撞到个人需求点上的App，则能够被用户更长久地保留。

如果连用户留存率都不能保证的话，就不要妄想能够借其获得多少收益了，就算留下的用户有一定的消费行为，也难以支撑产品长期运营。所以用户留存率也是多数企业衡量产品与市场匹配程度的第一大指标。

（2）单日用户活跃度

如果说留存下来的用户表达了对产品初步认可的态度，那么能够达到活跃标准就证明用户是真的很喜欢产品。不过，量化用户活跃度也是有标准的，像钉钉、微信这种社交通信类App，正常情况下用户每天都会打开许多次，且单次的停留时间也会相对长一些；而背单词、记账本等工具类App，通常用户一天能登录一两次就已经算很不错了，不能强求有微信那么高的使用频率。

准确、合理的活跃度量化处理很重要，因为如果偏差太大，会使PMF的检测、衡量作用被削弱，企业也难以判断出产品目前到底是不是处于一个正常的状态。所以还是要对产品的性质、功能、目标用户的特征等做出客观分析，用户活跃度越高意味着产品在市场中的生存能力越强。

（3）付费转化率

付费转化率是所有的企业都要关注的，如果说前两项数据指标存在的意义是为了稳住产品在市场中的地位，使其不会在短时间内就从市场中消失，那付费转化率就是为了检验用户黏性与对产品的喜爱度。正常情况下，假如某款App对你来说是可有可无的，有时想起来便会点开看看，有时又会连着几天不登录，那你会为这款App付费吗？如果这款App是你生活、工作中必不可少的，很多付费功能对你的帮助也很大，那你的付费意愿是否会更加强烈呢？

其实互联网市场中有些App的用户量并不小，而且大部分用户的活跃度也能够达标，但是这些App还是会不可避免地走向衰落，主要原因就是付费用户所占比例较小。面对这种付费转化率较小的情况，企业内部团队必须要及时反思，想一想究竟是什么原因导致产品失去了市场，是付费功能对用户的吸引力不足还是初期的产品调研工作没做好？无论是哪方面的问题，团队都要努力将其解决，否则产品的市场空间会进一步缩小，从而使企业的增长停滞。

（4）用户复购率

如果愿意为产品付费的用户数较多，那至少企业在短期内不必太过担忧，不过市场竞争是永远存在的，若其他企业研发出的同类产品在复购率这一数据指标上高于自己的产品，那增长黑客团队应提高警惕。为什么某些网红店铺总是红得快、凉得也快，而一些老牌店铺却能长久经营下去？主要还是在于用户复购率。

当用户对某个新产品感兴趣的时候，可能会因为好奇心理而尝试付费，但当用户发现自己购买的产品功能、质量也就是一般水平时，那用户就不会再次购买了。而某些老牌店铺，已经拥有了较为稳定的用户基础，用户对品牌的信任感、忠诚度都很高，因此复购率能够保持在行业内平均水平以上。

上述提到的只是当前比较常见的PMF量化指标，企业需要根据自己的实际业务情况进行数据指标的设定。很多时候，哪怕企业已经在市场中投入了较多的产品，也取得了不错的成效，但其在下一次研发新品的时候，依然有可能会出现产品与市场不适配的情况。因为用户需求并不是固定的，企业并不能像做数学题一样用公式、理论对其进行准确推导，所以团队也要做好产品不受市场欢迎的心理准备。

其实说来说去，想要找到并实现PMF，核心还是用户群体。如果企业能够做好产品调研的工作、准确辨别用户的真伪需求，那就有可能找到更多有价值的潜在消费者，产品也就能够在初期阶段获得市场，而不会在一开始就被目标市场所拒绝。

4.5

MVP：
可实现最低成本试错的测试原则

▼

介绍了PMF，我们还要再了解一个同样具有测试作用的重要概念——MVP。不要误会，这个MVP可不是游戏中的词语，也同篮球领域没有关系，而是专属于产品领域的测试工具。如果增长黑客团队能够用好MVP这一产品理论，那企业就有实现低成本试错的可能，这样一来企业在开发产品时的风险系数也能有所降低了。

许多大学生为了完成自己的毕业论文，会做一些实验，而实验过程中的数据也会成为其撰写论文的主要依据。但有一部分学生常会出现这样的问题：有几个数据其实是错误的，学生却对其毫无察觉，这就导致学生之后做出的一系列推导都是基于错误数据，结果也完全不具备参考价值。学生确实在做实验、写论文的过程中付出了许多精力，只是没有注意到这个来自数据的"微小"错误，使得这些付出全都失去了意义。

论文会对大学生能否顺利毕业造成影响，而企业在研发产品的过程中如果出现了同样的问题，所造成的损失也是不可预估的。诚然，就算是增长黑客专家也不能保证一款产品上市后绝对能够大受好评，但其至少可以为产品争取一些生存空间，而不至于让产品研发远远偏离既定路线。那么如何才能做到这一点？MVP产品理论就可以成为试错的助力。

有些负责产品研发的人员，在工作过程中经常会觉得自己在做一个很有增长潜力、在市场中格外独特的产品，所以其工作的劲头也很足，让人产生"这个产品会很厉害"的感觉。然而，产品市场是相当残酷且现实的，如果大部分用户都给出了一般般的评价，甚至根本就不能引起目标用户的注意，那埋头苦干的员工可能会对自己产生怀疑。所以这时候，就需要MVP来进行相关测试，目的是减小各部门团队走错路的概率，具体作用如图4-5所示。

图4-5 MVP产品理论对企业的作用

（1）抓住核心需求

MVP理论能够帮助团队更高效地抓住来自目标用户的核心需求，不过这并不是指团队能够"一击必中"，而是可以使其在合理范围内收集到更多的有效样本，而后再根据团队内部的协商筛选出更具增长潜力、更具可实施性的需求。样本量太少很容易使团队迷失方向，即误将那些伪需求或少数人的需求当作产品研发的重点，最后导致产品推出后的效果与团队预期差距较大。

（2）减少试错成本

企业直接投入大量资金去推进某个产品研发的项目，与一步一步试错、慢慢扩大测试范围的研发形式相比，后者的安全性更强。此外，不要觉得第一种形式的完成效率就一定高于第二种。可能从进度的推进速度来看，前者会显得比较快，但如果后续的市场反馈不是很理想，那团队还要再对产品进行重新优化、加工，这就要耗费大量时间了。所以综合来看，哪怕产品研发的速度放慢一些，也比全部推翻重做要好很多，而这也能帮助企业节约更多的试错成本。

（3）拉近用户关系

小米在创业初期，为了使产品的研发效果更好，便努力寻找自己的第一批种子用户。这些种子用户在之后也被小米反复提起，一方面有了用户的参与，团队能够获得更多有效的产品改进建议；另一方面，这批用户由于在小米创业初期就同其团队有着密切接触，所以对相当于是自己看着成长起来的产品也很有感情，对小米这个品牌的忠诚度也比较高。可以说小米在前期的发展离不开这些种子用户的推动，所以MVP理论的应用过程也未尝不是在聚集更多种子用户、拉近彼此的关系。

然而理论知识是一回事，实践环节又是另外一回事了。产品要具备怎样的特征才能进行测试？接收到了用户的反馈后，就要完全按照对方的意见来改进产品吗？测试的范围又该如何调整？这些都是经验不足的团队可能会面临的问题。可以参考一下MVP理论在应用时的注意事项，如图4-6所示。

图4-6 MVP理论的应用注意事项

（1）先把"草图"做好

MVP测试在前期不需要产品有多么完整的形态，而是强调要将产品的基本框架先搭建出来，至于更丰富的内容可以等之后再慢慢填充。这就好比你向一个设计师约稿，那正常情况下设计师肯定不会在接收到你对图稿的要求之后就立刻开始"闭关"，一段时间过后直接将成稿交给你，其间没有任何交流——就算是能力再高的设计师也不会如此"潇洒"。设计师要做的是先按你的要求画一张草图，如果你觉得满意就继续细化，如果你觉得哪里需要修改就立刻在这个阶段告知对方，否则你收到的只会是一个自己并不满意的产品。

（2）学会提炼核心需求

当团队做出了产品的"草图"之后，就要向自己的种子用户寻求建议了。但是，由于团队在前期需要大量的参考样本，数量过少还是容易使思维陷入狭隘局面，所以难免会出现指向不同方向的观点。比方说关于产品的页面颜色，有一部分人觉得黑色好看，一部分觉得蓝色好看，还有人给出了自己喜欢的其他颜色，像这种情况很显然不能照单全收，如果全收，产品将会变得非常奇怪。

寻找种子用户是为了让产品与市场能够更加靠近，并不是要为此而失去自己的独立思考能力，毕竟在很多时候，用户只是根据自己的需求、喜好提出建议，而并不会考虑这些建议是否有实践的空间、是否会成为产品的主要盈利点。所以，这就要求团队要有强大的判断能力，要学会提炼那些有价值的核心需求，不要被伪需求迷惑。

（3）推广要由小及大

要注意区分测试与推广的区别，测试时可以收集较多的样本，但产品推广却必须按照由小及大的顺序去做，不能在一开始就直接对产品进行大范围的推广。产品推广的目的可不是为了盈利，还没有到正式投入市场的稳定期，这一阶段更多的是要验证一下产品前期的设计、数据、思维等是否存在问题，如果有问题的话就要及时优化。

（4）耐心进行重复测试

MVP测试这件事本质上是为了减少企业的试错成本，使其最终开发出的产品可以更加完美、能够照顾到大部分消费者的需求。但是，接近成功的道路并不是一帆风顺的，而且反复循环测试、采集意见、产品优化这一过程难免会使人感到枯燥。所以这时一定要耐下心来，千万不要在中后期掉链子，那样的话就得不偿失了。

案例

利用搜索引擎完成基本调研的技巧

互联网的发展对企业而言虽然有利也有弊，但从全局角度来看，终究还是给企业的帮助会更多一些。其中，大部分人都在使用的搜索引擎也派上了用场，有些企业会利用其去完成一些基本调研，但如果想要让效果达到最优，还是要掌握一些技巧。

在信息技术还不是很发达的时期，大部分企业在做调研的时候，第一反应都是雇一些人去做线下的市场调研。就像我们过去在逛商场时，经常会看到街边有一些人拿着打印出来的问卷递给路人，并向其赠送一些小礼物。除此之外，企业还可以通过电视、报刊等渠道去获取一些行业内的信息。这些方法在当下依然可以采用，只是效率已经不像过去那么高了，更多企业选择的是借助网络搜索引擎去高效获取自己想要的情报。

当前，国内主流的搜索引擎主要包括百度、搜狗、360等，国外的搜索引擎主要有Google、Yahoo等，企业可以根据自己的需求去选择搜索引擎。国内使用人次比较多的是百度。

百度比较知名的口号"百度一下，你就知道"想必大多数人都很熟悉，企业也的确能从百度获得许多有用的信息。不过，有时候信息量太大也会给调研工作增加一些难度，因为并不是所有网页中展示出来的信息、数据都能被采用，所以这时候掌握搜索技巧就很有用了，如图4-7所示。

图4-7 利用搜索引擎完成基本调研的技巧

（1）调研要有目标

团队如果想要进行高效的调研，在点开搜索引擎之前就必须先确定好目标，否则随心所欲搜索的结果就是采集的信息过于琐碎，且对于当前的任务毫无帮助。有时候，搜索的目标甚至会影响到对搜索引擎的选择，比方说团队想要了解某款国外产品的市场情况及消费者反馈，单靠国内的搜索引擎可能就会有一定的局限性，这时候就要选择国外的搜索引擎了。

再举个例子，如果团队在马上要将产品投入市场的阶段还在犹豫如何为产品定价，就可以借助搜索引擎去了解该类型产品在市场中的平均价位，并在之后进行逐一对比。这种时候，团队要搜的肯定是与产品价格有关的关键词，或是在查询区直接进行价格的筛选，而不必过多地关注这些产品的详细说明、产地等。总之，有目标的调研可以帮助团队节省更多的信息采集时间，而且可以保证采集到的信息在大方向上是一致的，不必再耗费过多时间对其进行分类整理。

（2）注意信息时效性

有些人在利用搜索引擎检索信息的时候，只注意到了信息与目标的相关性，却没有注意信息的时效性。除非团队想要找的是某品牌发展历程这种时代感比较强的信息，其余情况还是要优先选择那些时间较近的新内容。就拿政策来说，假如团队在规划某个项目的时候，需要了解一下与其有关的经济政策，这时候可能就会想到通过搜索引擎去提炼关键内容，但很多政策并不是固定不变的，哪怕只是一句话、一个数字的变动，都可能会使政策的作用程度、范围出现差异。

除政策以外，某些数据内容就更要按照时间线来进行排序了，过于古老的数据在当前不具备太强的参考性，盲目使用只会对调研结果造成不利影响。在这里可以拿百度来举个例子，百度是支持用户自由选择信息发布时间的（图4-8），该功能可以帮助团队更快捷地提取最新信息，而不需要一个个查看网页的更新时间。

图4-8 百度的时间筛选功能

无论团队的调研方向是什么，都必须保证数据的精准度，可能有些数据在过去是没问题的，但放到当前却不再具有研究、评估的意义，比方说产品的价格。过去，像面包、饼干这种比较日常的食物，价格普遍算不上高，然而当前一些糕点品牌却可能将这些食物的价格提高好几倍，那很显然过去的价格就是不具备参考价值的。

（3）查看竞品排名情况

搜索引擎不仅可以获得自身需要的信息，还可以用来探查竞品的经营情况。不要忘记前文提过的SEO优化，如果在搜索关键词之后，发现竞品的排名比较靠前，那团队就应该有所警觉了。竞品排名比较好，就意味着其能够获得更多流量与转化，这也会在一定程度上影响企业本身的收益。

所以，在打探到竞品的排名情况之后，团队要有所行动才行，比方说分析一下竞品排名靠前的原因，是关键词的搭配比较好还是内容做得比较丰富？而后，团队可以再对比一下企业自身的排名情况，通过在竞品那里借鉴的经验去优化企业的标题、内容。当然，除标题以外，有时候直接输入竞品的品牌名称或产品信息，也可以获得一些可供参考的情报。

（4）鉴别信息真伪

搜索引擎虽然能够为人们提供比过去庞大许多的信息量，但也有很多虚假的信息数据混迹在其中。有些网站看起来很规范，实际上里面的信息大多都不可信；还有些网站的内容看似很丰富，却都是没有理论依据、东拼西凑来的。所以有时候仅凭时间线来采集信息也不可取，团队成员在搜索信息的时候一方面要追求效率，另一方面也不能降低质量要求。虽然有些信息的真伪难以在短短的搜索时间里被鉴别出来，但专业人员至少能在检索初期阶段将一些比较明显的低质量、虚假的信息剔除。

最后，虽然使用国内的搜索引擎相对来说会更方便一些，但由于国外的搜索引擎开发时间比较早，且收录的信息量也比较大，所以团队中最好还是要配置几个能够熟练使用国外搜索引擎的成员。

第 **5** 章

营销心法：
互联网语境下的市场营销

———

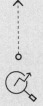

无论过去还是现在，营销都是企业增长过程中必不可少的环节，但随着互联网时代的到来，企业的营销理念、策略也必须要随之改变。互联网能够为企业带来许多新机会，但企业必须提前做好准备才能将其抓住，最起码要明确自己的营销目的，并且要掌握一些实用性较强的营销理论。新时代的市场营销绝不能被固化，企业要踩准市场节奏、不断吸收更多营销知识，才能深入发掘自己的目标用户。

5.1

营销目的：
在了解用户、满足需求的基础上自然销售产品

▼

　　增长黑客人才虽然是一种新型人才，但依然与营销紧密相关，并没有脱离营销这一重要的业务活动。其能够被企业重用的原因之一就是具备较为新颖、有效的营销思想，并且营销目的也极为明确，即必须要在满足用户需求的基础上，才能获得各项增长。

　　过去的营销方法比较匮乏，这与当时的社会背景相匹配，因为那时候人们的需求比较简单，大多数停留在满足自己或全家人的温饱这一层面。像泡面小食堂、抹茶火锅这些网红带火的产品，放在过去就算是派再好的营销专家去做，也难以吸引人们的注意，消费者只会感到不可思议、无法理解。但在当前，用户需求与产品是相互影响的，很多爆款产品会出现都是因为企业探查到了来自消费群体的新需求。

　　换句话说，没有需求就不存在市场，需求不强烈也难以带来增长。举个例子，在电影院为观影者供应食物，与在火车上为那些有十几个小时路程的乘客供应食物效果肯定是不一样的。因为后者比前者的需求更为强烈，这其实也是刚需与非刚需的区别。下面，我们就来分析两个与用户需求有关的营销案例。

（1）气味图书馆

　　气味图书馆主要发展于香水领域，不过随着企业的日益发展，其主营业务也开始慢慢变得多样化，而不再单纯拘泥于香水这一种产品。虽然气味图书馆创立的时间比较早，但其真正开始获得高速增长还是在近几年，凭借着强大的线上营销能力，气味图书馆的影响力愈发强大。

　　香水的受众群体虽然不小，但香水并不在生活必需品之列，这也使企业的营

销难度有所增加。但是，气味图书馆能够在与国外的名牌香水竞争中成功崛起，是因为找对了自己的目标市场。此前，人们提起香水时的第一反应大多是"很贵""不常用"，所以气味图书馆如果想要占据一定的市场份额，就必须将这些问题一一攻克——只有这样，才能更靠近用户的需求，并以此为依据来调动用户的购买欲望。

在很长一段时间里，香水市场以国外的香水品牌居多，而消费群体也以收入水平、身份地位较高的人为主。至于其他的普通消费者，要么是对这些贴着英文标签的香水提不起兴趣，要么是被香水的价格劝退。可以想一想，香水的主要功效是什么？就是让被喷洒的地方散发香气，所以好闻的味道是用户的主要需求点。

然而，就目前的技术应用程度，人们暂时还不能在线上感受香水的气味，只能靠文字的描述进行想象。而国外香水给出的"英国梨""鼠尾草"甚至是"猫头鹰"这样的描述词，很难让用户对香水的气味做出初步判断。基于这种情况，气味图书馆便贴心地推出了许多国人比较熟悉的味道，如"西瓜棒棒糖""大白兔""茉莉花""稻香"……看到这些词的时候，即便没有直接去闻味道，用户也能对香水的味道有大致的了解，亲切感会油然而生。

气味图书馆后来很重视与经典国货品牌大白兔的跨界合作，会在儿童节当天抓住机会进行一波对大白兔香水的营销。许多人会怀念自己的童年生活，也有一些用户的童年记忆不那么美好，所以在成年后会通过各种方式去弥补自己的童年遗憾，这也是一种具有增长潜力的需求。因此，气味图书馆便在儿童节喊出了"来点孩子气"的宣传口号，直接戳中了用户"想要找到童年回忆"的需求，所以产品在当时的销售量很可观。

如果说追忆童年是部分用户的需求，那么价格应该就是大部分用户的关注点了。与动辄上千元的国外名牌香水相比，气味图书馆的价格虽然没有平价到几十元就能买下的地步，但也大致保持在100~300元的区间内，对香水感兴趣的消费者大部分都有能力支付。香水如果太过便宜，反倒会连带着让品牌也变得廉价，这其实也会对用户需求的实现造成阻碍，因为用户既希望香水不会像那些奢侈品一样昂贵，也不希望其价格过低显得毫无档次。从这个角度看，气味图书馆对用户心理需求的揣摩还是很到位的。

（2）完美日记

关于完美日记这个迅速崛起的国货品牌，我们已经在前文进行了简单介绍。虽然外界有许多人对完美日记的发展并不看好，但却很少有人会否定其在营销方面的优秀能力。首先，完美日记非常会抓对自己有利的营销阵地，除了经常在微博发布一些宣传海报、营销活动以外，在许多年轻女性非常喜欢的小红书App上也极其活跃。

在小红书搜索完美日记，你会看到一长串与品牌有关的宣传内容，有些是知名网红达人配合去做的宣传，有些是消费者基于对品牌的喜爱而自发创作的内容。完美日记之所以能够用短短几年的时间迅速引流涨粉，就是因为其非常重视与消费者进行需求对接的工作，每次在研发新产品的时候都会提前研究好消费者的需求。就拿其打造的动物眼影（图5-1）这一爆款商品来说，完美日记的团队通过观察、对话、测试等方法，洞察到了主流用户群体对"深度融合"这一彩妆效果的需求，于是便将动物与眼影盘进行了一次完美的结合。

图5-1 完美日记的爆款商品"动物眼影盘"

再说回完美日记在小红书进行的一系列营销行为，想要获得转化就必须要先吸引用户的注意力，所以完美日记在小红书的展现方式就是直观铺图，以视觉冲击感极强的试色形式让完美日记的魅力得到直线提升，而不是以撰写使用产品的心得体会为重点。诚然用户也会浏览关于产品的文字分析内容，但第一时间能够对其构成吸引力的还是精致的上妆效果。"想要变得更漂亮、更有魅力"就是完美日记目标用户群的主要心声。

无论是气味图书馆还是完美日记，能够发展起来都是因为有大规模用户在背后提供支持，有市场才有发展、有市场才有更长久的生命周期，而这些都要在洞察用户需求的基础上实现。如果没有找对用户需求点，即便企业招来更多的营销专家，也难以激起水花，因为用户的内心并不会有所触动，自然也不会有所行动。

- 5.2 -
营销理论：
如何深入理解4P与4C营销理论
▼

在正式进入营销实践环节之前，我们先要掌握基础的营销理论知识，这样才能使营销活动的开展效果更具保障。营销理论虽然有许多种，但还是以4P与4C这两大理论为主，本节将分别对其进行详细阐述。

（1）4P营销理论

4P营销理论在各种类型的企业中的应用十分广泛。如果企业想要壮大，那就不能只有增长黑客团队与营销成员掌握4P营销理论的应用技巧，其他部门的员工也要对其有所了解才行。该理论的实用性很强，且理解起来并不困难。下面我们就来梳理一下4P营销理论中的四大重要构成，如图5-2所示。

图5-2 4P营销理论的四大构成

① 产品　我们始终都在强调，无论是基于什么目的开展的营销活动，都必须要保证产品本身的质量，只有不断加强对产品质量的把关力度，相应的营销手

段才能派上用场。不要拿产品质量做赌注，即便赌赢了也有很大的风险，总有一天会被用户发现、戳破，而那时企业的收益、口碑都会大幅度下降。与产品质量紧密相关的要素主要包括规格、材质、样式、功能、包装等。增长团队必须要全面关注这些会影响到产品质量的要素，哪一个都不能敷衍了事。

就拿完美日记来说，一开始也有很多人认为完美日记的命运会像那些网红品牌一样，短暂火爆一阵之后就销声匿迹。然而，完美日记并没有停下研发新产品的脚步，营销活动也一如既往地频繁。完美日记的营销力度确实很大，但如果没有良好的产品质量支撑着，花再多的钱去做营销也没什么用，因为消费者压根就不会买单。

② 价格　大部分消费者在选购产品的时候，都会非常关注产品价格，这也是影响其最终购物决定的重要因素。但这并不意味着产品价格越低销量就越好，一来是因为过度压低价格有可能会引发弊端较多的价格战，二来是因为用户也有自己的心理价位，过低反倒容易令其怀疑产品的质量。所以，增长黑客团队必须要做好关于产品价格的战略布局才行。

③ 渠道　渠道在当前已经成为了消费者与商家都非常关注的交易要点，简单来说就是商品在流通过程中所消耗的时间。这也是为什么许多商家都开始重视供应链管理效率的原因，渠道的质量会直接影响消费者的购物体验。

我们可以将渠道分为直接与间接两类，一般前者的运输效率会更高一些，因为其不像间接渠道一样会让许多中间商参与进来，不过两类渠道都有各自的产品适用范围。如果企业想更高效地实现用户增长、提高产品好评度，就必须将渠道做好，这就要求企业必须明确哪一个才是适合自己的渠道，并且要控制好产品流通消耗的成本以及产品运送的质量，任谁都不希望自己付费后收到的是破损或变质的产品。

④ 宣传　产品宣传在这个时代的重要性已经十分明显，"酒香不怕巷子深"的可行性很明显在现阶段已经变得很差，更多还是要靠提高产品的宣传力度来带动各项增长。在宣传方面，增长黑客团队要考虑的东西非常多，既要研究目标用户群的心理需求，也要做好对市场的考察，同时还需关注竞争对手的动向。想要做好产品宣传其实并不难，关键在于企业能否找到适合自己的宣传路线，如果方向跑偏或过于平庸，那么目标市场也难以给出良好的反馈。

（2）4C营销理论

如果说4P营销理论的重心在于产品与用户，那么4C营销理论向用户这边倾斜的趋势就会更明显一些，我们可以就其涵盖的四大要素来展开分析，如图5-3所示。

图5-3 4C营销理论涵盖的四大要素

① 消费者　如果单独将消费者这个概念拎出来，那要分析的信息量就会过于庞大，所以4C营销理论中提到的消费者其实并不宽泛，与需求的连接路径会比较明显。该理论主张以消费者需求为核心去开发产品，同时营销活动也要以此为依据，这样才能从消费者身上获取更多价值。在这里，我们可以将其与4P营销理论中的第一个产品要素对比一下，就能很直观地看到这两大理论体系的侧重点是不同的。虽然4P营销理论也强调要以目标用户需求为基础去推进一些产品工作，但对消费者的掌控程度要比4C营销理论略低一些。

② 成本　一提到产品的成本，很多人都会在第一时间想到产品价格。确实产品定价是成本的重要构成，但在4C营销理论中，定价却并不是唯一影响要素，对非货币成本的评估同样也很重要。比方说用户在购买产品之后，使用过程中衍生出的时间成本、学习成本等，都可以被归入非货币成本的范围内。

如果用户为产品付出的成本过高，那就意味着产品竞争力会有所下降，所以增长黑客团队不仅要关注产品的定价，还要注意评估与调节来自目标消费群体的非货币成本。只有用户付出的成本降低，其对于产品的黏性才会更强，企业才有可能提高用户二次购买的概率。

③ 便捷度　网购已经成为了时代的主流，每个消费者都希望自己能够更快

地获得产品，这也是4P营销理论中强调的观点。不过，很多时候企业只是口头上说着要为用户提供便利，实际上却并没有真的将用户的购物便捷度放在心上，更多的还是想要为自己创造便利条件。有这种想法的话，将很难使用户有一个愉快的购物体验。现阶段，增长黑客团队不仅要注意做好售后服务，售前、售中的服务质量同样也不能丢。

④ 沟通　过去的营销，企业往往缺乏与消费者进行有效沟通的渠道，且很多企业在当时并没有与消费者进行深入沟通的意识，这就导致当时出现了许多不受市场欢迎的产品，也使得许多企业倒闭。随着信息技术的不断发展，企业与目标用户之间的距离也在持续缩短，即便是某些高奢品牌也不会为自己树立一个高高在上的形象，而是会更注意倾听来自用户的声音。买卖双方在这个时代的关系已经出现了改变，企业不会再用"死缠烂打"的方式去劝说用户购买产品，而是希望用户能够给出更多有效的反馈。

严格来说，目前应用4C营销理论的企业更多一些，因为该理论的先进性更明显，而4P营销理论中有一些观点是不适用于当前环境的。但是，我们不能否认4P营销理论在营销领域做出的贡献，企业也要不断吸收更多的新知识、新观点才行。

-5.3-
定价策略：
不同定价对企业增长的可能影响
▼

在逛商场的时候，有没有出现过这样的情况：你看到某件衣服或饰品，觉得造型、手感都很不错，刚刚有了想要付费的冲动，看到产品价格后那股冲动之火就会立刻被浇灭了。有时候用户没有产生付费行为，并不是因为对产品不满意，只是受价格影响才会产生放弃心理。这里一方面可能是因为用户的消费能力确实有限，另一方面也有可能是企业未能合理定价，导致产品价位与目标市场的心理承受力出现了较大的差异。

产品定价合理与否，不能全由企业说了算。举个例子，某专门开发游戏App的企业决定推出一款实体游戏礼包，里面会放一些与游戏相关的徽章、卡片、道具等，大部分玩家在听到这个预告消息之后表示非常期待。但是，经营者明知自己面向的群体以学生为主，却依然自信满满地认为礼包价格可以在原定基础上再抬高一些，因为礼包打算以限量模式发售，且平时玩家在游戏里的消费水平普遍也不算很低。

然而，当玩家看到了礼包价格之后，不仅无视了"限量"这么一个在营销场景中刺激作用比较强的限定词，更是"成群结队"地在各大软件商店与社交平台发出了抗议的声音：礼包价格贵到离谱，完全不能接受，甚至有玩家打算直接卸载游戏。会出现这种情况，主要是因为企业错误地估计了礼包的价值，没有将其与用户需求相匹配，换句话说就是价格远远超出了用户愿意为其买单的心理预算。

很多时候企业规模发展得越大、用户忠诚度越高，增长黑客团队就越要谨慎考虑新产品的售价，因为用户就算平时再怎么喜欢某品牌的产品，也不会心甘情愿地成为品牌方的提款机。所以，不同的定价会对企业增长造成不同程度的影响，具体是正增长还是负增长，就要看企业定价是否能够令用户接受了。我们可以总结一下几种比较常见的定价策略，如图5-4所示。

图5-4 常见的定价策略

（1）渗透定价

渗透定价是许多初创企业常用的定价策略，主要的应用方向是在新产品投入市场之前，将其价格控制在低于市场平均水平的程度，让用户在看到产品时能够产生自己占到便宜的感觉。之所以会采取这种看起来有点亏本的定价策略，是因为企业想要靠渗透定价来迅速打开市场，高效获得初期流量，从而使产品销量可以不断提升，以此来打造一个相对健康的循环体系。

不过，这里我们要强调一点：产品价格低也要控制在适度范围内，不能单纯为了迅速进入市场而大幅度压低价格。比方说某个类型的毛绒玩具正常价格应该在50~100元，这时候新企业将玩具价格调到45元或40元都是能够接受的，但一下子压到十几元左右，那渗透定价策略的性质可就变了。

一方面，有些企业摸不准渗透定价的应用技巧，只知道在降低产品生产成本的基础上不断压价，这样做很容易影响到正常的市场秩序，如引发影响恶劣的价格战。另一方面，这种定价策略只能帮助企业提高自己的销售量，但利润却相当微薄，如果之后还想向高端路线转型发展，也会比较困难。

（2）心理定价

顾名思义，心理定价即企业要深入分析目标用户的心理，而后根据分析结果去考虑究竟该如何为产品定价，是能够调高一些还是保持不变，又或者需要降低一些才能获得市场。心理定价是一种听起来容易，实则操作难度非常大的定价策略，因为有时候即便在调研过程中用户表示自己能够接受某个价位的产品，但当产品真的发售时，许多用户又会表示价格太贵，直接导致产品销量受到影响。

企业定价的过程其实就是与用户心理博弈的过程，赢了就能从中获利，输了就有可能造成巨大亏损，比渗透定价策略的风险大多了。但是，即便增长黑客团队中有人具备心理学技能，也无法真的读懂人心，更何况产品面对的往往不是一个用户，而是一个群体。

这里讲一个商家常用的心理定价方法。人们逛超市时看到的基本上都是带零头的产品价格，而不是以整数形式呈现。商家会这样做，就是因为想要获取来自消费者的信任感，带零头会让其产生"这个价格是经过合理测评"的感觉。但是，这种方法比较适合超市这种平价品、生活日用品居多的地方。在奢侈品比较多的特定商场里，很多商品如名牌皮包、钻戒等，再用零头形式定价的话就会拉低商品档次了。所以具体要如何定价，并没有统一的规范，要看产品放置的场地及消费者的主要特征。

（3）撇脂定价

与主打低价策略的渗透定价正好相反，撇脂定价会让产品以较高的姿态进入市场，即企业会有意将产品价格向上调，基本不会给人平价、实惠的感觉。毫无疑问，这种定价策略肯定会使一部分消费群体被限制在价格门槛以外，但这也是企业在实施该策略的时候就考虑到的问题。撇脂定价如果能够顺利实施，将会使企业迅速获利，而且利润率往往不会太低，但问题在于这种定价策略具有较严格的使用条件，并不是随便哪款产品都能用。

就拿哈根达斯冰淇凌来说，冰淇凌在人们的印象里向来是普通平价品，超市里的大部分冰淇凌都不会卖得太贵。然而哈根达斯的价格却直接飙升到了几十、几百的水平，这无疑与人们正常的消费观是不符合的。但就是这样比较高昂的价格，却也成功让哈根达斯实现了全球化的业务扩张，这主要是因为哈根达斯主打高质量、材料纯正的差别化运营路线，而且在当时没有什么竞争对手。但是，这种定价策略的风险性很强，如果企业产品性价比不够高或是价格太过离谱，那为自己带来的就是负面影响了。

（4）差别定价

差别定价其实在我们的日常生活中经常见到，比方说吃自助餐时中午与晚上的收费标准不同，节假日期间的机票、酒店费用也会高于其他时间段。这种定价策略的核心还是用户需求，当用户需求比较强烈的时候，产品或服务的价格就会有所提升，反之则会趋于平缓。差别定价基本上不会对市场稳定性造成什么影响，但企业在实施时要保证自己对价格的调节是有合理依据的，不能完全凭主观意愿去设定价格。

除上述定价策略以外，增长黑客团队如果想让产品能够更灵活地适应市场、被市场所接受，那就必须要掌握更多的定价技巧。定价是一门学问，需要不断积累经验。

5.4

促销策略：
能打动消费者的9种基本促销策略

▼

以前，促销活动主要集中在超市里面，许多促销员都会站在自己的产品陈列台前面，卖力地为产品做宣传，有些超市还会用有自动播放功能的喇叭将那几句促销宣传语从早循环到晚。随着互联网时代的到来，促销的阵地与形式都发生了较大的改变，企业制定出的促销策略也变得更加丰富，比较常见的促销策略主要包括下述几种，如图5-5所示。

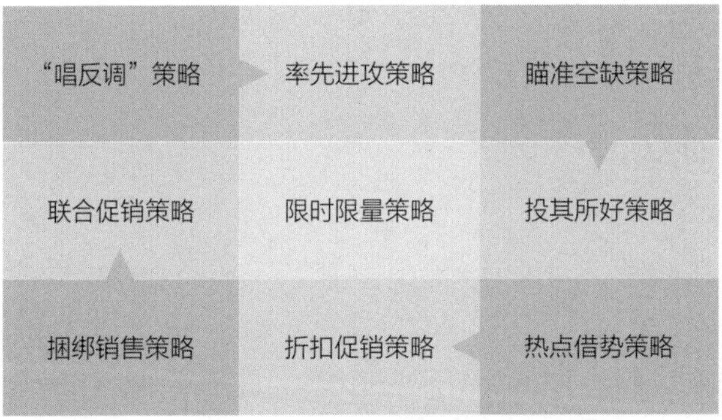

"唱反调"策略	率先进攻策略	瞄准空缺策略
联合促销策略	限时限量策略	投其所好策略
捆绑销售策略	折扣促销策略	热点借势策略

图5-5 常见的基本促销策略

（1）"唱反调"策略

"唱反调"其实指的是要走差异化促销路线，目的是要更高效地吸引用户的注意力，而不会因为促销策略过于平淡而导致活动没什么"水花"。促销不一定只与价格有关系，想要打造出有反差、有亮点的促销活动，就要求团队成员要具备较强的创意思维，不能让思维过于局限。

举个例子，常规模式下玩具店想要完成销售目标的话，会通过打折、送赠品等方式去打动家长，连带着会对儿童进行一定的话术诱导。但是，有些玩具店却另辟蹊径，将目标从家长转向儿童，让儿童自行挑选自己喜欢的玩具，而后对这些玩具给予更大力度的折扣。当然，家长也可以自由购买玩具，但这些玩具就要按原价收费了。

（2）率先进攻策略

每到年节的时候，各个商家都会提前进入备战状态，特别是"双十一"这样的大型购物节日，商家可能比卡着零点下单的消费者还要紧张。但就像我们通常会在旅游前一天就将行李收拾好一样，商家也不可能在节日来临当天再去筹备促销活动，所以这时候就有很多商家发起了率先进攻的信号。无论是哪一领域，消费者的数量都是有限的，当其某个需求预先得到了满足，那即便之后再出现其他的相似产品，消费者也不会给予过多的关注了，所以有些时候比的就是谁的进攻速度更快。

（3）瞄准空缺策略

瞄准空缺策略中的"空缺"主要包括两个层面：其一是目标市场在需求上的空缺，其二是来自竞争对手促销策略上的空缺。前者应该比较容易理解，当市场饱和度过高的时候，促销难度也会随之增加，但在竞品数量还没那么多的时候，促销活动的效果会比较好。至于后者，则是强调要擅长捕捉竞争对手的弱点，没有必要的话最好别采取硬碰硬的促销策略，这样只会使双方都难以获利。

（4）投其所好策略

投其所好的对象是谁，作为企业应该非常明确。一场促销活动是否算得上成功，不是靠活动规模与投入资金就能衡量的，而是要看目标用户的反响如何、转化有多少、传播范围有多大。比方说苹果的促销策略放到"果粉"身上就能行得通，对品牌忠诚度较高的消费者还会觉得自己这一波是赚到的；然而如果将相同的促销策略放到"米粉"身上，那效果可能就不受控制了。所以企业在制定促销策略之前，必须要保证自己是了解目标用户需求与喜好的，而不能直接搬运其他企业的策略内容。

（5）限时限量策略

让消费者产生危机感、紧张感是一件好事，心静如水可没办法推进企业的增长，所以很多企业会采取限时限量的促销手段来激发消费者的购买冲动，时下比较流行的饥饿营销就是这种促销策略的反映。但是，相比可控性更强一些的限时促销策略，限量手段会更考验增长团队的营销能力，如果没有对限定的数量、购买的渠道等进行合理规划的话，很容易会激起消费者群体的不满。

（6）联合促销策略

谁说商业战场只有对手没有朋友？虽然这个场景中的朋友也是靠利益短暂绑定在一起的，但有时也比孤军奋战的效果要强一些。当前之所以会出现越来越多的跨界营销情况，是因为商业意识比较敏锐的人已经感知到了联合促销的优势，就像气味图书馆与大白兔、旺旺与国内服装品牌TYAKASHA的联合一样，这种联合促销的策略能够使品牌得到更多关注，增长效果也会优于常规的促销活动。不过，联合促销的关键在于能否选对合作伙伴，选择不当的话促销效果就不是那么好了。

（7）热点借势策略

在这个时代，热点几乎能够与流量直接画等号，利用热点来借势也成为一种比较常用的促销策略。常规的节日如中秋节、端午节就不说了，这些是大部分企业都会密切关注的热点，而其他的热点多出现于微博的热搜话题中，比方说此前席卷了朋友圈的"秋天第一杯奶茶"这个梗。可以说，在这个梗流行起来之后，许多奶茶店都表示自己的营业额有了爆发式增长，而其他与奶茶无关的企业也在努力尝试去蹭热点，这也是产品的促销策略之一。但要注意，热点也有高低质量之分，要注意做好信息的筛选、评估。

（8）折扣促销策略

折扣促销是消费者最熟悉的促销策略，打折力度有多大、打折形式如何设定、与竞品相比打折策略是否具备优势，这些都是增长黑客团队要考虑的内容。折扣力度太大，消费者那边确实会很满意，产品销量也能有明显增长，然而企业却难以从中获利；打折力度过小就更不用说了，若是竞争对手有意比你的价格更低，那消费者很容易就会被对方"勾走"。虽然这样做对方得不到多少好处，但也会打乱你的促销计划。因此，折扣促销也蕴含着许多的应用技巧，并不是那么简单。

（9）捆绑销售策略

在大多数捆绑销售的场景中，说白了其本质就是大带小，消费者的购买意愿基本上都是被更具价值的产品激发的，而不是与之绑定的东西。捆绑销售是一种基本的促销策略，如果捆绑情况比较合理，那消费者也未尝不能接受，但如果价格与其心理偏差太大且被捆绑产品的性价比着实太低，那也很难得到消费者的支持。捆绑销售并不是借机将那些无人问津的产品一并推销出去，而是要让产品组合形成互补关系，这样才能让消费者主动付费。

总而言之，增长黑客团队一定要为促销这件事赋予新的意义，可以继续使用传统促销策略的框架，但也要对其具体内容有所调整才行。

- 5.5 -
触达渠道：
在渠道中完成沟通并顺利完成价值转移

▼

触达渠道首尾两端分别是企业与用户，渠道的搭建一定要由企业主动去完成，不能等着用户自行寻找方法向企业传递信息，这样的话企业的信息接收渠道会非常狭窄，且难以洞悉用户的真实需求。企业想要提高自身增长能力的话，就必须使触达渠道保持畅通状态，这样才能在提高双方沟通效率的同时实现价值转移。

简单来说，触达渠道其实就像两个人相互交换联系方式，这样就能使双方的交流更加便捷。企业不可能凭空与用户接触，所以就需要搭建起专属渠道，时不时"联系"一下对方，传递一些重要信息。有些企业认为只要产品做得好，用户的忠诚度自然就会有所提高，其间企业只要专注于产品研发、活动筹备等重要工作就好。但是，这样做的问题主要有两个：其一，互联网时代的用户触达渠道变得十分多样化，你不去做自然有其他人抢着做，有时候情怀比质量还好用，普通用户与忠实粉丝对品牌的贡献程度也有很大区别；其二，没有搭建完整触达渠道的话，企业在做很多事的时候都会有被处处限制的感觉，因为缺乏沟通会导致企业能够获得的数据量有所缩减，做决策时能够参考的依据也不够多。为了使企业的工作效率变得更高，搭建触达渠道就成了必须要做的事情，而渠道本身也可以划分为内、外两个层面。下面，我们就分别对其进行详细阐述。

（1）内部渠道

借助内部渠道来传递信息，通常要靠App或网站这两大主体。我们在打开某个网站时忽然跳出来的弹窗，就是内部渠道的触达形式之一。当某些App有了未读消息时，手机也会以红点的形式将其展现出来，以此来引起用户的注意。此外，消息推送也是各类App常用的触达形式之一，比较有代表性的App如淘宝（图5-6）、拼多多、微博等都经常会以这种形式来吸引用户点击。

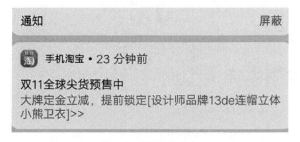

图5-6 淘宝的消息推送

消息推送是App获取流量、留住用户的重要手段，所以我们特别针对消息推送内容这一点来展开分析。

消息推送的最大优势是能够有效提高App的存在感，在提高用户活跃度的基础上努力挽留那些有流失意向的用户，但前提是推送内容对用户有绝对的吸引力。有时候推送消息过于频繁，用户就会感到非常反感。还有一种情况是用户点开了推送内容后，却发现跳转后的页面与推送标题完全不相关，这往往会让用户有一种浪费时间的受骗感。所以一方面团队要把控好发推送的时间、频率，另一方面要提高内容对用户的吸引力，不能作"标题党"。

（2）外部渠道

相比之下，外部渠道会显得更宽阔一些，因为其涵盖的触达形式更加多样，下面我们总结一下比较常见的外部渠道，如图5-7所示。

图5-7 常见的外部渠道

① 微博　目前，许多企业，无论其在行业内的知名度是高还是低，都纷纷入驻微博并开通了品牌认证号。据新浪微博发布的财报可知，微博在2019年年底的月活跃用户数就已经突破了5亿，无论放在哪个领域，这都是相当可观的流量数据了。因此，企业会选择将微博当作主要的外部触达渠道也很正常，毕竟这些都是接近零成本的流量，就看谁能够率先将其收入囊中了。

微博不仅成为了新品牌崛起的阵地，也为企业与消费者搭建起了高效的沟通渠道，用户可以通过私信、评论、转发等方式来表达自己的想法，企业也会用比较稳定的更新频率来传达最新的产品、活动消息。

② 网络通信工具　网络通信工具主要指微信与QQ，其中微信的触达效率会更高一些，主要的触达形式包括注册公众号发布信息、创建微信群拉近与用户的关系、发布朋友圈来深入用户的生活等。公众号已经成为了企业同用户交流的主

要通道之一，像麦当劳，上新品或举办优惠活动的时候，会第一时间通过公众号来传递信息。

QQ的应用率与触达效果相比微信都会弱一些，除创建QQ群以外，企业常用的触达方法多为发送QQ邮件，不过由于很多人并没有开通QQ邮箱或没有及时查收邮件的习惯，所以企业还是偏向于将更多精力放在微信平台上。

③ 论坛　如果有条件的话，企业完全可以打造一个品牌专属的论坛，或是在其他论坛开通一个自己的品牌板块。拿小米来举例，小米很早就已经打造出了能够将米粉聚集起来的社区，里面也有各式各样的功能板块。用户可以自己开帖交流也可以向小米的产品团队反馈一些意见，而小米也会时不时更新一些资讯消息，相关产品的负责人还会出现在社区内，近距离与用户进行双向沟通。

④ 自媒体平台　互联网的发展催生出了大批自媒体平台，流量较大的平台主要有大鱼号、今日头条号、简书、趣头条等。在这里要注意的是，虽然可供企业选择的自媒体平台较多，但并不是每个都要尝试着运营，没有企业能够将几百个自媒体平台全都照顾过来。企业在选择自媒体平台之前要先做好规划，即明确自己需要的是哪种性质的自媒体平台，这样才更容易找到自己想要接触、交流的目标用户群体。

除此之外，企业团队还需提前设定好自己的触达目标与相关指标。举个例子，发推送消息给用户是为了什么？是希望能够提高用户的留存率，还是希望借助推送内容让更多人参与活动？不同的目标会影响到后续对具体触达形式的规划。如果团队的目标是提高活动参与率，而用户在点击了推送消息后却并没有做出行动，那就说明本次触达是不成功的，哪怕活动页面的点击率再高，对目标的实现也没有半分推动作用。

由此可以推出，触达渠道是否能产生效果，并不是单纯看用户是否同渠道产生了交互行为，还需结合原定目标进行分析才更客观。选择合适的触达渠道可以提高团队实现目标的概率，而不适合的渠道只会使企业消耗不必要的时间、精力。开拓的内外部触达渠道较多不代表与用户沟通的效果就一定能达到最优状态。只有在把握用户需求的基础上设置合理可行的目标并选择正确的渠道，团队才有可能顺利完成价值转移。

案例

江小白的崛起真的只是靠网红文案吗

高粱酒品牌"江小白"于2012年创立，而当时国内的高粱酒市场其实已经十分热闹了，像茅台、金门等，这些都是经营历史比较悠久且比较具有代表性的高粱酒品牌。而"年纪轻轻"的江小白与这些品牌相比，就像一个没什么经验的新人一样，而许多爱喝高粱酒的人也不习惯经常更换酒的品牌，所以江小白的出现在当时并没有掀起什么波澜。

但是，经典有经典的好处，"年轻"也有其特有的优势，江小白就是借助了互联网这一日益发达的技术大环境才能成功崛起。在2013年、2014年这两年，江小白就已经展示出了来势汹汹的黑马姿态，不仅获得了各种酒业市场的奖项，而且用极快的速度达成了营收过亿的目标。毫无疑问，江小白的出现对当时的高粱酒市场造成了一定程度的冲击，虽然其取得的成绩还不能与那些"老前辈"们相比，但对一个新生品牌来说却也足够优秀了。

品牌崛起之后，会引起人们的注意与讨论是很正常的，但是有许多人认为江小白能够成功都是因为文案，是靠文案走红以后才打开自己的市场。无法否认，网红文案对于江小白的帮助的确非常大，那些偏文艺风的文案如"有多少杯空，就有多少心空""有理闯天下，有酒我不怕"等，在互联网上的传播度都十分广泛，但是，如果将江小白的成功全都归功到网红文案上面，那可就有些不客观了。

网红文案与互联网的结合，再加上一个在高粱酒领域内较为独特的形象，的确有效提高了江小白的品牌影响力。不过，可不能因此而忽视了江小白的优秀营销能力，可以说江小白的崛起背后有一个足够强大的营销体系在支撑着，我们先来分析几个江小白打造的、反响比较好的营销活动。

（1）2012互动派对

虽然2012年已经过去了很久，但仍然有不少人记得当年在互联网中大范围传播的"世界末日"传言。有人对此不屑一顾，认为这只是一个可笑的谣言，但有人却认为这一切真的有可能实现，所以当时与末日有关的讨论声还是很大的。而在那一年刚刚成立的江小白，就已经显露出了自己在营销方面的天赋。

江小白利用世界末日这个话题，喊出了"末日来，喝一台"的口号，随机抽取40个人参加其举办的互动派对。派对内容十分丰富有趣不说，江小白还直接利用本次活动为自己的微博实现了高效引流，而且利用微博话题让江小白小范围地进入了微博用户的视线中。除此之外，江小白还特意布置了几个分会场，即便是没有获得派对参与资格的人，也可以前往分会场免费畅饮江小白的酒品，毫无疑问，这也推动了江小白品牌的传播。

（2）跨界营销

江小白本身就是一个被成功打造出来的独特IP，在品牌发展有了一定规模之后，还推出了以江小白品牌形象为主的网络动画《我是江小白》。这部动画的热度虽然不能与那些斥巨资制作的动画相比，但也能为江小白的营销带来一定助力。江小白在2017年选择与同样是动漫IP的"同道大叔"合作，双方打着跨界营销的旗号来共同获利。

微博是品牌营销必不可少的渠道，#星座酒话#这个话题的讨论度达到了3万左右，阅读量也高达三百多万，点开话题可以看到最醒目的第一条就是江小白发布的新包装酒品，如图5-8所示。

本次跨界营销的优势主要包括三个方面：其一，选择将流量较大的微博当作主要的营销阵地，在获取流量这方面至少不需要太费精力，且传播成本较低；其二，江小白知道该如何调动起用户的参与积极性，所以选择了转发抽奖的形式来吸引用户，而用户为了拿到现金奖励，就会自发@好友来获取抽奖资格，这样就直接带动

江小白 17-7-5 来自 微博 weibo.com 　＋关注

【第五波】江小白携同道大叔推出12星座限量定制酒，专属于你的#星座酒话#！关注@江小白 和@同道大叔 转发这条微博并@ 三位好友 参与【你和哪个星座最合得来？】的话题讨论，我们将抽出2名粉丝每人送[发红包]1000元现金。江小白国产白酒高粱酒同道大叔同款粮食酒45度...

图5-8 江小白与同道大叔的跨界营销

了品牌的传播；其三，同道大叔这个IP在当时相当有名，双方合作推出的星座类新包装酒品造型美观、独具创意，很容易吸引年轻消费者，所以选对跨界营销的对象是很重要的。

（3）青年文化节

YOLO青年文化节是江小白打造的品牌专属活动，活动开始于2016年，并且邀请了许多说唱明星，以演唱会的形式来进行影响力更大的品牌营销。这其实与找明星做代言的行为在本质上是比较相似的，不过这种活动能够进一步拉近与用户之间的距离，而且还能借这些明星来吸引更多的新用户，所以YOLO青年文化节也一直在办。

随着江小白业务规模的日益扩大，以及有举办前几届青年文化节时积攒的经验，江小白的活动效果也在不断提升，活动氛围、内容、歌手配置等一年比一年好，参加活动的人也都能有比较满意的视听体验。江小白坚持举办青年文化节活动，一方面是为了使品牌的名气越来越大，另一方面也是为了加强对品牌形象的塑造，将简单纯粹的青年文化理念传递出去。

江小白自初成立以来，一直没有停止对市场营销的探索，采取的营销手段也越来越丰富，效果越来越好。网红文案只是推动江小白崛起的因素之一，却并不是全部，其在营销方面的优势主要包括下述三点，如图5-9所示。

图5-9 江小白在营销方面的优势

首先，江小白对自己的定位十分明确，即便在慢慢走入大众的视野中后，也没有改变原有定位。一个成功的定位是制定营销计划的良好开端，事实上在之前提到高粱酒，很多人都会自然而然地想到60后、70后这些中年群体，而江小白却果断锁定了以年轻一代为主体的消费市场。

　　就像下沉市场在过去常常被各大电商平台忽视一样，80后、90后其实也有相当比例的人对高粱酒有着较强的需求，但许多老品牌却并没有听到这部分消费者的需求声。而江小白却勇敢开拓了这一新市场，而且并没有走常规的宣传营销路线，这也使得江小白更受年轻消费群体的欢迎。

　　其次，江小白的主要营销阵地看似是在网上，但实际上其走的是线上线下相结合的模式，这种营销理念相当聪明。虽然互联网能使品牌传播的速度加快，在成本方面与常规的营销方式相比也有所下降，但这并不代表直接舍弃线下营销的途径是正确的。像江小白的青年文化节、互动派对等都以线下为主，同时还会配合线上的宣传，既能帮助线上各个官方号引流涨粉，也能借助线下活动进一步提高品牌粉丝的忠诚度。

　　江小白本身无论是品牌定位还是IP形象，都没有走高冷路线，而是在想方设法地靠近消费群体，让消费者能够产生一种亲近感。而《我是江小白》这部动画更是使其形象更加生动、更具生命力，这样使品牌营销的价值最大化，也能有效维持品牌的生命周期。

　　最后，我们还要分析一下江小白的定价与促销活动。在价位方面，如果江小白没有将其控制在合理范围内，那么哪怕其塑造的形象再怎么生活化，过高的价格也会使消费群体退缩。江小白的产品价格还算平价，不同的包装、组合形式有不同的价位，但尚在大部分人能够接受的消费水平上。江小白在年节时也会做一些简单的折扣活动，并且推出了品牌专享的购物金，即充即送、方便快捷，对品牌的忠实用户来说也是一种鼓励。

　　总而言之，江小白崛起的原因有很多，并不单靠网红文案这一项，但网红文案也确实帮了其很大的忙。不过，如果没有互联网的优势，或者江小白在当时的定位稍微跑偏了一点，那其也难以拥有今天这样的成就。只能说优秀的营销能力与把握机会的勇气都很重要。

第 **6** 章

用户运营：
增长黑客运用AARRR漏斗的方法

——

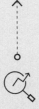

如果有哪个增长黑客人才表示自己对AARRR漏斗一无所知，那企业就要思考一下用人标准是不是定得太低了。AARRR漏斗是用户运营过程中的必备工具，应用得当的情况下可以为企业带来显著的增长，其中无论是作为重要开端的用户获取环节，还是决定企业是否能够稳定发展下去的用户留存环节，又或者是会影响到企业收益的用户付费环节，都要给予同等的重视。

- 6.1 -

用户获取：
经由互联网低成本获客的基本思路
▼

增长黑客本身就具备低成本优势，更何况目前还有强大的互联网体系的助力，企业便有了更多低成本获客的机会。但随着时间推移，流量红利已经越来越少，这对一些初创企业造成了不小的困扰，增长黑客团队必须就低成本获客这件事进行一番严谨的思考才行。

在互联网竞争力度还没有当前这么强的时候，很多App只要上架就能获得流量，再配合企业的一系列宣传营销活动，获客效果会变得更好。然而当花园里的花越来越多的时候，观赏者的目光就不一定放在哪朵花上了，所以继续沿用之前的获客策略并不可取，增长黑客团队首先要做的就是让用户能够注意到自己。只有不断缩短同用户之间的距离，让产品可以更轻松地被用户找到，企业在获客这方面的成本才会有所降低。下面就来总结一下让用户找到的几种常用方法，如图6-1所示。

图6-1 让用户找到的方法

（1）突出核心卖点

如果你想存钱的话，是不是出门就会直奔银行？如果你有学习某项技能的需求，也会以各种培训机构为目标，而不会将目光分给餐厅、咖啡店。举这些例子主要是为了说明突出自身核心卖点的重要性，排除那些用户无意间点进去的情况，大部分用户如果想要主动去寻找某产品，就一定存在这方面的需求。

某些街边的店铺乍一看装修十分美观，但人们在没有走进去详细询问的前提下，基本没办法一眼看出店铺究竟属于哪一类型、提供哪些服务，这就导致店铺的经营始终保持在不温不火的状态。而做产品也同样如此，无论产品所属的业务领域是什么，团队都必须将产品的核心卖点清晰传递给用户，令其能够迅速了解产品的定位——或者说产品能够为其提供的帮助。

（2）调动创意思维

增长黑客能够打造更优化的营销效果，其更具创意性的营销方式也是原因之一，企业需要从传统的营销思维框架中跳出来，采取更加灵活的营销方法。就拿网易推出的蜗牛读书这款阅读类App来说，常规情况下同类型企业都会在世界读书日推出各种优惠活动，以此来吸引更多的新用户，然而蜗牛读书的运营团队却另辟蹊径。

图6-2 蜗牛读书的测试活动页面

蜗牛读书在世界读书日当天推出了一个简单的测试游戏（图6-2），用户只需扫一扫二维码就能参与测试，通过三个简单的问题就能匹配到与自己"灵魂"互通的一位知名作家。制作一个普通的HTML5页面成本并不算高，或者说与蜗牛读书通过本次营销活动获取的新用户数量相比，为此而支出的成本几乎可以忽略不计。

（3）建立触达渠道

除各大社交平台以外，像知乎这种知识问答类平台在当前也成为了许多企业触达用户时使用的主要渠道。比方说如果企业的主打产品是记账类App，那么其就可以在知乎搜索"记账""理财"等关键词，在符合条件的问题下给出自己的回答。总之，不要盲目地寻找营销平台，这样容易出现耗费大量资金却仍然得不到什么回报的结局，还是要明确自己的目标用户集中在哪里，而后借助不同渠道与其建立联系。

用户能够高效找到产品，确实能够使产品的获客效率有所提升，但增长黑客团队不能将所有的赌注都压在这里，因为用户找到产品不代表其能够顺利完成身份的转化。就拿前述的蜗牛读书测试活动来说，的确App借助本次营销活动得到了更多新用户，但也有很多人只是单纯地做个测试，不一定就会主动下载App并完成注册。所以，在没有确实得到用户之前，都不能称之为获取用户，当然不同产品对"得到"的定义也不一样，还需团队自行斟酌。那么如何才能稳定获取用户呢？可以参考下述几项常见方法。

（1）应用商店优化

看到"应用商店优化"这个概念会不会觉得有些熟悉？没错，这与之前讲过的SEO优化性质相同，可以将其简称为ASO，主要适用于时下流行的各类App。当前，大部分App上线后都会第一时间投放到各大应用商店中，用户自行搜索是一方面，团队也要做好ASO的工作，如对App标签的选择、给用户展示主图、对App描述内容的撰写等。

（2）降低使用门槛

一方面，每种产品都有对应的目标市场，但也不要将话说得太死，要让用户自行判断产品是否适合自己，而不是由产品方规定谁能用这款产品，谁又被限制在规定的使用范围之外。另一方面，产品高级与否不在于其使用起来有多么复杂，能够获得大量用户的产品操作大都比较简捷，完全无须用户去费心琢磨。产品的使用门槛越低，就越容易获取用户，毕竟大部分人都会倾向于选择抬腿就能迈过去的门槛，而不是还要手脚并用努力攀登。

（3）优化获取路径

优化获取路径主要是为了降低用户流失的概率，使用户能够更顺利地成为产品使用者。我们可以做个对比：A产品与B产品都是上架于同一个应用商店中的阅读类App，用户想要使用A产品需在下载后先填写个人资料，包括昵称、性别、身份证号、阅读偏好等，而注册渠道则只开通了手机这一种；而B产品则需先注册，用户可使用手机、微信、QQ等常用的社交账号注册，再做一个性别、喜好标签的选择即可。

最后的对比结果当然也是显而易见的，B产品的用户增长量远超A产品，因为越是精简的注册流程就越能得到用户的支持，同时要站在用户的角度去优化注册环节。用户会使用App往往是希望能够更省心、省力，而不是变相增加自己的负担。

通常规模偏小、还没有发展起来的创业企业，对于低成本获客会更加关注，因为其不像大型企业一样有相对充裕的资金，所以在做很多事的时候可能会有所限制。不过，流量红利的减退不代表互联网失去了利用价值，事实上可供挖掘的互联网低成本获客手段还有很多，就看企业内部的增长黑客团队能力是否到位了。此外，还要强调一点，低成本获客不代表团队可以采取一些不正当手段，这样反倒会对产品获客任务的推进造成更大阻碍。

-6.2-

提升活跃：
"啊哈时刻"与衡量活跃度的数据指标

▼

获得用户是企业实现增长的第一步，但在这之后增长黑客团队要做的事还有很多，紧跟着的就是提升活跃度这一重要环节。能否将该环节的工作做到位，直接决定了产品的生命周期，团队在该阶段要做的就是想方设法去提高用户的活跃度，并且要设定好用来衡量活跃度的数据指标。

首先，介绍一个听上去就很有趣的概念——啊哈时刻。如果只是直观去看待这个词的话，可能难以推测出其要表达的意思，但是却可以感受到这个概念被赋予的情感基调是轻松愉悦的。当用户初次接触到某产品，并在某一时刻忽然感受到其价值所在的时候，就会不自觉地发出"啊哈"的声音——虽然这种说法有些夸张，但却能表现出用户被产品某些功能打动时的心理反应。

代入生活场景中体验一下，"啊哈时刻"可能会出现在我们吃到一道美味的菜肴时、试穿新鞋感觉到其非常棒的舒适度时、随手拿起一本画册看到了令人惊艳的画面时……这些时刻往往在不经意间出现，简单来说就是在人们还没有产生期待心理的时候，忽然给予其一个能够触动内心的价值点，被触动到的人便会主动做出一些行为了。

如果增长黑客团队能够让较多用户找到"啊哈时刻"，那就证明产品本身的优势很明显，而且能够将这份优势清晰传递给用户，而感受到产品价值的用户其流失率也会有所降低，如果团队能够加以引导的话可以使优势转化为更多的贡献。但很显然，天上不会凭空掉馅饼，想要激活"啊哈时刻"也没那么简单。在前期的产品调研工作做到位的基础上，产品与市场的适配度应该不会有太大的偏差，所以这里的难点就在于如何检测用户是否出现了"啊哈时刻"。

不同用户感受到产品价值后的表现也存在差异，团队无法像现实中的社交活动一样面对面感受其在表情、动作方面的变化。即便用户真的发出了"啊哈"的感叹声，团队也不能同步接收到。所以这时候，团队就必须对其进行合理的量化处理了，只有借助客观数据才能更准确地评估"啊哈时刻"的激活效果。但是，不同业务类型的App对于用户激活行为的判断标准也不一样，我们可以借某款网购类App来举例说明。

首先，越快使用户找到"啊哈时刻"，对产品的后续发展就越有好处，即用户的激活速度越快，产品就越有可能实现增长。但网购类App却具有一定的特殊性，像问答类社区可能用户回复或发布一个帖子就算是完成了初步激活，然而像淘宝、京东这种App，瞄准的却是用户的付费行为。

如果所有人都拿网购类App当作一个普通的图片、视频浏览工具，而没有购物欲望的话，那只能说这款App的生命周期大概很快就要走到尽头了。所以很多网购类App都会推出一些针对新用户的活动，如首单发放优惠力度较大的红包、开放新用户购物专区等，为的就是能让用户快速发现App的价值，从而高效完成行为激活。但是在这里，团队如果想要衡量用户活跃度，就不能只观察某单一的激活行为。

就拿首单这一激活行为来说，用户完成首次转化就意味着其成功留存的概率会更高。但一位用户只能激活一次，如果将注意力全都放在首单激活行为上的话，那有些用户可能只为了拿首单奖励，之后活跃度便会持续下降，这也不利于App塑造健康的增长环境。

因此，团队还需注意观察其他能够衡量用户活跃度的数据维度，如用户的登录频率、单次登录时的停留时长、参与平台内相关活动的频次与具体贡献度等。当然，团队衡量用户活跃度的核心还是要放在转化率上，"啊哈时刻"能做到的只是使用户更快被激活，却不能保证其可以长久留在平台内，只有持续跟踪用户的付费行为才能使增长曲线更加稳定。

其实设定衡量活跃度的数据指标难度并不大，但前提是团队能够将基础工作做到位。有很多人在寻找用户激活行为的环节，就已经出现了较大的偏差，如果不能及时纠正的话，就会直接导致数据指标的设定也被带往错误路线。因此，团队在寻找用户"啊哈时刻"的过程中，也需掌握正确的方法，具体内容如图6-3所示。

图6-3 寻找用户"啊哈时刻"的方法

（1）充分了解用户特征

你的产品要为谁提供服务？被服务对象又具备哪些特征？这些特征中有哪些是可以利用的？如果连这些问题的答案都弄不明白的话，那团队很难使用户快速激活，因为找不到那个可以俘获用户的点。为什么网购平台设置首单优惠活动就能显著拉动平台增长？因为其能够借助用户特征去推测用户需求，从而对产品功能进行优化调整，目的是对新用户造成"一击必中"的效果。只有充分了解用户特征，才能让用户更容易找到自己的"啊哈时刻"。

（2）提炼关键激活行为

虽然大部分人在使用同一产品的时候，需求倾向都大致相似，但由于每个人都有相对独立的思想，所以"啊哈时刻"不可能全然相同。比方说某款卡牌游戏，有些用户会被触动是因为收到了来自系统赠送的首张精致卡牌，还有些用户则是通过卡牌引导玩法才感受到游戏价值的。

但是，团队必须要从这些不同的激活行为中找到那个最核心、最关键的行为。比方说有80%的人在首次进入阅读类App的时候使用了收藏书籍的功能，且这部分用户的留存率、活跃度较高，对比之下没有使用收藏功能的人占比非常小。像这种情况，团队就可以初步锁定用户的关键激活行为了，如果不确定的话，还可以进行更深入的观测。

（3）借助客观测试手段

客观测试手段可以帮助团队更精准地找到关键激活行为，比较常见的手段如A/B测试的适用性就很高。这种测试方法的应用要点就是设置对照组，通过对比实验的方法来寻找能够让用户体验感更优的功能方向，并且能够解决来自团队内部的一些争议问题，通过数据驱动让"啊哈时刻"更易实现双向触达效果。当然除A/B测试以外还有许多其他的方法，团队可以根据实际情况自行应用。

只有不断提升用户群体的活跃度，团队才能在激烈的竞争环境中取得更多制胜筹码，如果用户不能在第一时间感受到产品的价值，那其便会自然流失。

-6.3-

用户留存：
不同用户留存周期的不同决定要素

▼

现阶段，用户留存已经成为了企业竞争的重要指标之一，而那些只顾着关注用户获取效率如何，却不关注用户留存情况的企业，很难成为最终的胜利者。用户的获取与留存同等重要，没有前者也就无法出现后者，然而如果企业不能将用户留存率稳定下来，前期获取再多用户也没什么用。

随着抖音、快手等短视频App的兴起，网红产业也随之变得繁荣起来，某一时期网红店铺接二连三出现，比较具有代表性的品牌如泡面小食堂、答案茶、脏脏包等，基本上都只能维持短期的热度。泡面小食堂刚火起来的阶段，全国各地都出现了许多加盟店铺，那时候很多人都看过店铺门口消费者排队吃泡面的盛况，然而很快地，这些店铺便慢慢失去了热度，日益冷清的店铺可能一天都没有一位顾客，消失在人们的视线中也是迟早的事。

这就是典型的用户留存工作没做到位，顶着"网红店"这个称号本就自带热度，但经营者却忽略了店铺本身的种种弊端，只是贪图一时的利益，导致其在最后只会赔得更多。"网红"本身并不是一个贬义词，关键在于经营者是否能够把握住这份热度。我们可以将用户留存周期按照时间长短分为三个阶段（图6-4），来分析一下不同留存周期的决定要素都有哪些。

图6-4 用户留存周期的三大阶段

（1）初期留存：变动较多

用户的初期留存阶段，往往是变数最多、最令增长黑客团队感到头痛的阶段。用户注册账号并不代表其不会流失，就像日常生活中我们进入某个餐厅，有可能已经落座了，还是会因为对菜单内容、餐厅环境等因素不是很满意而选择离开。所以，用户使用产品的初期阶段往往是状态最不稳定的时候，增长黑客团队稍不留意，用户的新鲜感就会迅速下降，到一定程度时便会变成流失大军。那么决定用户初期留存率的要素都有哪些呢？

① 新鲜感持续时长　当用户找到了"啊哈时刻"之后，其便会感受到产品的价值，同时能够产生刚接触产品时的新鲜感。用户的新鲜感持续时间越长，对

团队而言就越是有利，因为这样的用户会更好管理，而那些热度刚刚涨上去没几天便大幅度下降的产品，有很大一部分原因在于用户的新鲜感已经消失殆尽了。所以，团队在初期阶段必须要努力提高用户的使用热情，不能让其太快就对产品失去兴趣。

② 核心功能的质量　产品可以有许多功能，但核心功能却只能有一项，同时这也是增长黑客团队留住用户的杀手锏，前提是核心功能正好可以戳到用户的需求点上。就拿抖音来说，抖音的核心功能就是优质短视频，虽然直播、社交也是抖音的价值点，但其核心功能始终定位在短视频内容上。所以，短视频质量就成为了抖音在初期留住用户的重要因素，抖音也会借助智能算法为用户呈现更多符合其喜好的视频内容，所以才会使许多人在使用抖音的时候十分上瘾。

③ 使用门槛的高度　用户注册只是一个起点，并不能与用户留存率挂钩，用户在注册账号之后对产品的深入探索才是重中之重。比方说用户下载了一款背单词App，开始着手使用后却发现连基础功能的使用都很困难，明明收藏了某个单词却找不到收藏夹的位置，打卡有奖的活动不会自动弹出，时不时就会漏掉一天，像这些情况就会严重影响用户的使用体验感，从而导致用户流失。为此，增长团队必须要与产品部门配合得当，要让大多数用户都能轻松迈过使用门槛。

（2）中期留存：趋于稳定

如果用户觉得某款产品还不错，就会坚持使用这款产品，对产品的黏性也会慢慢提升上去，具体表现为登录频次比较高、针对核心功能的行为激活频次能够达标等。如果是淘宝这种以转化率为主的平台，那团队还需根据其具体的付费行为来做更全面的评估。能够坚持到中期阶段的用户，整体状态应该趋于稳定，但依然有流失的可能性。

有些经验不足的团队成员经常会在中期留存阶段放下心来，认为用户已经对产品产生了依赖感，但用户对产品的兴趣也有可能会逐渐褪去。当用户对产品功能已经足够了解的时候，新鲜感便不复存在，使用产品的频率也有可能从一天一次到两三天一次，这都是正常现象。所以在这个阶段，能够影响到用户留存情况的要素主要在两个方面：

其一，用户体验感能否继续得到优化。有时候一道菜刚吃的时候觉得很好吃，天天吃的话就会产生厌倦感了，如果这时候菜品的口味、配料或烹饪方法能够有所改变的话，用户继续吃下去的可能性就会变大。反之，用户也有可能会去外面寻找其他的替代品，要知道目前的产品市场相当丰富，基本上不存在完全不可替代的产品。

其二，产品是否能够提供更多可以调动用户趣味心理的新功能或是新内容。这里指的并不是产品进行一个版本大更新，而是要不定时向平静的水面丢一颗石子，让其能够产生一些波动，而不是长久保持在沉寂状态。用户能够留到中期就意味着其至少在态度上对产品是认可的，但团队必须要时不时赋予产品一些创新点，才能让用户有坚持下去的理由。

（3）后期留存：持续优化

直白地说，如果产品已经运营了相当久的时间，那就说明其背后必定有一群处于后期留存阶段的忠实用户，而这些用户对产品的忠诚度也会比中期阶段高上许多。有些处于该阶段的用户会自称为"养老族"，因为这时候产品的功能、体系已经接近成熟，用户对于产品的使用也已经得心应手了，有些用户其实已经对产品失去了兴趣，会继续使用只不过是因为产生了依赖性和感情。

但是，这种感情并不足以支撑其能够更长久地留下来，所以团队要做的就是尽力延长用户的留存周期。第三个阶段决定用户留存情况的要素比较简单，主要就是看产品对用户的吸引力还有多少，不过这个问题解决起来也相当麻烦，优化方向跑偏的话还有可能将新用户赶跑。一般像微信这种功能类通信工具的留客能力还是很强大的，而像游戏这种娱乐类App的增长黑客团队要面对的问题难度会更高一些，既要在不影响产品核心功能的基础上对其进行持续的开发优化，还要防止竞品跑来争夺用户。

通常初创企业研发的产品能够支撑到中期留存阶段就已经很厉害了。虽然每个阶段的决定要素都有所不同，但核心还是在用户身上，只要用户对产品能够保持一定的兴趣，那其就有可能进入下一个留存阶段。

6.4

用户付费：
增加收入是3项指标共同作用的结果

▼

付费这件事，站在用户的角度肯定希望性价比越高越好、优惠力度越大越好。但站在企业的角度，其必然也希望靠产品来获得较多的利润，以提高企业的经济实力。不过，很显然在市场中掌握主动权的还是用户，如果用户对付费功能或服务没有兴趣的话，企业就难以增加收入。因此，如何让用户心甘情愿的付费，就成为了增长团队工作中的一个难点。

无论是在线上、线下市场公开销售的产品，还是互联网领域各种类型的App，基本上都具有一定的付费特征。创业企业是追逐梦想的产物，却不代表其要无私到不设置任何付费功能，没有收益增长企业就无法顺利运行。如果增长黑客团队想要对用户付费情况进行量化处理，可以参考下述3项指标，如图6-5所示。

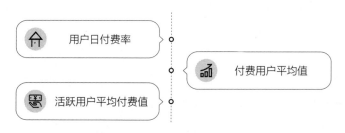

用户日付费率

付费用户平均值

活跃用户平均付费值

图6-5 量化用户付费情况的指标

（1）用户日付费率

增长黑客团队需要明确用户日付费率的大致水平，并要将其与预设指标进行对比，来评估一下产品目前的运营状态与之后的发展前景。没错，用户的付费行为会对产品的未来发展造成较大影响，如果所有人都没有付费意愿、只使用免费功能的话，那企业难以支撑太久。

计算用户日付费率需要看当日付费人次在活跃用户数中所占的比例，至于活跃用户要如何判断，就要看产品的性质与业务形态了。用户日付费率如果能够达标或偏高，就意味着产品的核心功能比较有效果，用户的付费积极性也比较强，反之团队就该思考一下究竟是哪里出现了问题，导致用户的付费意愿不是很高。

（2）付费用户平均值

付费用户平均值的计算周期可以按团队规划来定，一般以每日或每周为主，这里就以当日的数值来进行说明。用产品当日收到的用户付费总额除以付费用户的数量，得到的结果就是当日付费用户的平均值了。比方说某款手游当天的用户充值总额是1000元，而付费用户总共有25人，那么每个人平均付费水平就是40元。

了解付费用户平均值的主要目的在于两方面：其一是了解产品付费用户的大致规模，其二是通过付费用户了解产品目标市场的大致消费水平。只有知道这些才能在推出新产品或举办活动时更具针对性。作为企业，肯定希望付费用户的平均值越高越好，但该数值是否达标还是要看产品本身的定位，如果是高奢品，平均值高一些才是正常状态，至于平价品就不要设定太高的指标了。

（3）活跃用户平均付费值

活跃用户平均付费值与上一项指标的计算方式大致相同，只是要将当日付费的用户替换成当日的活跃用户。活跃用户虽然也有可能出现付费行为，但不能直接将其与付费用户画等号。举个例子，某些用户可能每天都会登录游戏，也有好好完成日常任务，各项活动的参与积极性也很高，然而从头到尾都没有花过一分钱。像这种用户就算是常规意义上的活跃用户了，但也确实没有在付费方面有所行动，没有实质性拉动企业收益的增长。

但这并不能说明活跃用户就不具备付费潜力，事实上有些活跃用户的付费欲望一旦被激发出来，其在付费时便会毫不手软。而增长黑客团队要做的就是看一看产品当前拥有的活跃用户数量是否达标，再根据其付费情况去制定下一步的运营方案，不过要记住不能太过心急。

通过对这三项数据指标的统计分析，团队应该能够初步评估出产品目前的付费效果如何，以及用户的付费意愿是否强烈。用户不愿意付费，可能有很多原因，比方说产品对其吸引力不足，或产品并非用户的必然选择，还没有到刚需程度，又或者是用户在面对一个新品牌的时候，会存在许多顾虑，如担心产品质量不好、售后服务不过关等。所以想让用户付费，就要先安其心，不要让用户犹豫的时间太长，具体可以参考下述几个方法，如图6-6所示。

图6-6 让用户快速付费的方法

（1）突出核心优势

突出核心优势如果换一种说法，就是要加大力度精准打击用户的痛点。这是能够让用户迅速付费的最直接手段，即让用户意识到"这款产品确实能解决我的问题"，这样才能增强其对于产品的需求度，从而自发去购买产品。

当然，在这里也有一个重要前提，即团队必须要足够了解产品所面向的受众群体，否则很有可能出现痛点挖掘偏离方向这样的不利情况。只有让用户意识到产品或服务对其重要性、能够确实对其起到实质性的帮助，用户才会果断付费。此外，有时候团队虽然找到了产品的突出优势，却不能将其高效传达给用户，导致用户没能在第一时间看到产品的核心优势所在，因此展示核心优势的方法也很重要。

（2）做好付费引导

试想一下，如果你看中了某件衣服，只不过在尺码问题上比较犹豫，想要咨询客服却迟迟收不到回复，更有甚者连沟通渠道都没有设置，那你的购物积极性一定会受到打击。所以，增长黑客团队必须要做好对用户的付费引导工作，要尽可能缩短用户在付费这件事上的等待时间。

在这里，如果企业拥有自己的网店，那也要加强对客服人员的培训。当客服检测到用户下单却没有付费的话，就可以去"关注"一下对方，比方说用比较轻松的语言去询问对方不付费的原因、是否遇到了什么困难等。在这里一方面要注意询问时不要过于生硬，另一方面次数不宜过多，否则反倒容易让用户产生抵触心理。

（3）进行优惠激励

优惠活动对每个消费者来说都是充满诱惑力的，这也是买卖双方为何都如此重视"双11""双12"这种大型购物节的原因。虽然有时候消费者自己也很清楚，在这些优惠活动的背后，折扣力度可能并不像表面看上去那样大，但这并不影响他们被这种促销手段影响、激励。

用户付费是一种自然而然的行为，增长团队要做的只是在背后进行推动，而不能强买强卖、以强硬或不正当的手段迫使用户去付费，这样只会使用户流失率变得更高。团队在实施了一些重大决策后，要留心上述三项数据指标的变化情况，其能够在一定程度上反映团队决策的正确性。

- 6.5 -
加速扩张：
"引爆点"中的 K 因子及循环周期
▼

在机会与风险并存的互联网环境下，"保守派"的发展之路可能会有些坎坷。这里指的保守并不是经营者或增长黑客团队的谨慎决策意识，而是指其将自己的营销思维局限在传统框架中，而没有寻求更多突破。如果只是将营销活动固定在一定的范围内，那营销效果也比较可控，然而有时候企业想要获得显著增长，就必须尝试去做一些"疯狂的事情"，比方说加速扩张。

首先，加速扩张不等于盲目扩张，像ofo那样完全不考虑产品现状、资金情况、用户评价的大规模扩张策略并不可取；其次，加速扩张这件事就算找再专业的增长黑客团队去做，也不可能绝对安全，还是要看企业是否有放手一搏的勇气。虽然听起来似乎很危险，但如果增长团队能够将各个细节点都考虑到位的话，那成功的概率其实也并不小。这里介绍两个与加速扩张密切相关的概念：K因子与循环周期。

先来了解一下K因子，这是病毒营销必不可少的助力，也是企业实现高速增长的必备武器。简单来说，K因子就是病毒营销传播范围的反映，主要涵盖两个计算要素：感染率与转化率。从字面意思来看，感染率就是"病毒"的传播程度，就像A转发了一条微博，而A的朋友B、C又从A这里继续转发，而后再经B、C扩散到D、E、F……感染率越高，就意味着营销活动的效果越好，因为其能够被更多用户看到，而这些用户在被触达到的一瞬间便成为了团队可以攻略的"潜力股"。

而转化率就是营销环境中很常见的概念了，不过在这里其需要与被感染的对象联系起来，即被感染者是否有通过指定行为完成身份的转化。而K因子则是由这两个要素做乘法后得到的数值，通常K值如果能够>1（图6-7），那就证明增长黑客团队所做的工作比较到位，本次营销能够为产品带来不少新用户；如果K值<1，用户增长的情况可能就不是那么理想，但对初创企业来说，K<1也是正常现象。另外，要注意被"感染"的用户不会无限增长，到达一定程度之后感染率便会慢慢下降。

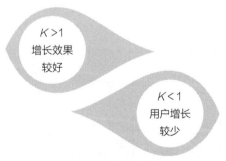

图6-7 K因子的评估指标

所以通过对K因子的推导，我们便可以得到一个结论：提升K因子能够使团队设置的增长目标更容易实现，而为了实现目标，团队就必须想办法提高这两大重要数值。下面，我们就以美颜相机类App"Faceu激萌"为例，来分析一下其在提高K因子数值方面的技巧。

　　Faceu是一款定位十分明确的产品，主要面向的群体最初以年轻女性为主，而后有越来越多的KOL、明星也参与了进来，使得Faceu的知名度也变得越来越高。不过，Faceu也是靠着自己不断创新的功能与优秀的营销能力才得以一步步成长。就拿其在2019年与天猫联合开展的趣味活动来说，Faceu本身的优势就在于极具创意性的贴纸与各种精美滤镜，所以其在活动中也将核心价值清晰传递给了用户，赶在"3.8女王节"期间以开屏形式实现了大面积曝光。

　　在本次活动中，Faceu特别推出了四款限定贴纸，用户可以根据个人喜好自行选择，而其面向的女性用户群体对此非常感兴趣，短短几天点击率就超过了一千万。不过，此时还只是比较常规的营销模式，用户真正被"感染"还在后面。

　　Faceu团队为了让活动热度持续提升，还是以"女王范"为主题，推出了新的互动HTML5页面，用户可以通过自拍获得几组不同风格的对比海报，其间除了上传照片以外完全没有任何阻碍，对比形式也俘获了许多喜欢"女王感"的女性用户。为了让HTML5页面可以高效传播，Faceu特意搭乘了微信这一流量巨大的顺风车，减少了用户将对比照分享到朋友圈的阻碍，效果接近于一键分享。活动结束后统计，本次营销活动的分享率超过了20%，而HTML5页面点击量更是直接飙升至4亿。

　　在本次营销活动持续推进的过程中，虽然Faceu也为此支付了一定的营销成本，但与其得到的丰厚增长资源相比，几乎是可以无视的。此后，Faceu也不断发挥着自己的优势，又陆续打造出了许多高感染率的活动，如"漫画脸"特效一度在微博、朋友圈流行，由此带来的转化率也相当可观。

　　借助互联网流量大、易传播的优势，Faceu打造出了一波又一波的高感染活动，K因子数值也因此而得以提升。不过，增长黑客团队除了要调节好K因子以外，还需注意一个很重要的要素：循环周期。

　　举个例子，当你初次接触到某款产品的时候，如果刚用没多久就对其产生了浓厚的兴趣，并且觉得产品价值点非常独特，可能就会立刻将产品推荐给自己的好友，而好友便成为了接收信息的对象；但如果你刚用产品的时候没什么感觉，一段时间后才察觉到产品的魅力所在，那你将其推荐给好友的间隔时间就会比前一个场景长一些。一般情况下，间隔时间越短就越能使循环周期加快，即能够让产品以较快的速度广泛传播出去。当然，如果你在体验产品的过程中就已经流失了，那循环周期也就在你这个节点停止了。

在循环周期的推进过程中，用户是主动的一方，而增长黑客团队就算使用了再多的方法来激励用户完成快速推荐的行为，依然也只是辅助角色，决定权还是掌握在用户的手中。因此，如何最大程度地增加循环轮数，成为了增长黑客团队要思考的一个棘手问题。团队要明确自己的首要任务是什么，先不要急匆匆投入到各种营销活动的策划工作中，而是要找到阻碍循环轮数增加的因素。

比较常见的因素包括推荐流程较烦琐、产品的"啊哈时刻"不易被发现、对新用户的激励力度较差等。团队要知道究竟是循环周期中的哪个阶段出了问题，滚雪球也要先滚起来才有越滚越大的可能，假如在第一轮的循环过程中，用户就表现出了不愿意推荐、不主动推荐的态度，那就说明产品本身存在很大的问题。

另外还要强调一点，种子用户的存在是缩短循环周期、增加循环轮数的强大保障，种子用户质量越高、数量越多，就越容易为产品带来增长，而企业则无须耗费过多的成本。加速扩张是企业经营到一定规模之后的必经之路，但也不要冲动扩张，要在时机成熟的基础上去筹划这件事。

案例

利润率过高的产品为何有时是"毒药"

高利润率无疑是每个企业经营者都想在会议中听到的报告内容，所以很多初创企业都会在选品或进行产品研发时倾向于那些具有高利润率特征的产品。然而，有时候色泽鲜亮的红苹果也有可能藏着剧毒，许多人往往是将毒苹果吃到嘴里后才发现这一点。现实生活，特别是商业战场中，不会有"白马王子"的存在，得知你中毒后迅速行动的只会是你的"敌军"。所以，团队必须要谨慎食用"苹果"。

被抖音带火的一些网红爆品，借助较低的制造成本以及较高的市场需求，在某些商家眼中就像一个聚宝盆，能够为其带来较为可观的利润。与此同时，受到高利润率爆品诱惑的企业经营者还会加大推广力度，为满足市场需求而大量生产产品，每出现一个新爆款，都意味着许多企业之间的竞争又要开始了。

如果你是一名抖音爱好者，那你一定不会对"灯泡糖"这款网红产品感到陌生。在短视频潮流的推动下，以仿真灯泡造型而出名的棒棒糖摇身一变成为了新晋爆品，在其最火的那段时间，在淘宝随手一搜关键词都能看到多张打着"抖音网红灯泡糖"旗号的产品页面。这款糖果制作起来并不算很困难，但商家借着市场需求度较高这个势头，抬高了产品的价格，总体来说这款网红产品无论从哪个角度来看都具备较明显的高利润率特征。

所以，当时有不少商家为了从中分一杯羹而跟风进货销售，但随后不久，许多来自消费者的投诉便接踵而来：食用糖果造成了风险，消费者为了将被卡住的糖果拿出来甚至不得不去医院，而商家却并没有做出任何提示；为了使糖果迅速进入市场，许多网店销售的糖果其实都无法保证质量，除了造型上的风险性以外，糖果融化后还有许多杂质。

如果只是抱着"捞一笔就跑"这种思想的话，那跟风去做的商家损失或许还不会很大，但如果是打算走迅速打开市场、获取初期流量策略的创业企业，这种眼里只看得到产品高利润率的跟风行为就会对其造成较严重的影响了。如果将灯泡糖换成圣诞树的话，或许这种影响程度会更明显一些。

在圣诞节即将到来之际，许多商家都将目光瞄向了圣诞树，主要原因在于圣诞树的市场比较稳定，每年都有许多人订购。如果产品营销工作做得到位，那至少不必太担心会面临无人问津的结局。但是，由于圣诞树的利润率比较高，所以很多商家也免不得会贪心一些，打算多进一些货。如果规划得当还好说，问题就在于部分商家订购了过量的圣诞树，圣诞节过后仍然有很多滞留在手中，这就直接导致商家要承受较大的亏损。

与之相同的还有经典案例泡面小食堂，很多人在满足了好奇心之后会表示：从未想过吃泡面就能花好几十元，普通泡面加点配料也用不了多高的成本，简直是暴利领域。所以，当时许多跑去做泡面小食堂的加盟店的人的结局也就无须多说了。高利润率的产品对企业而言就是一个强大的诱惑，但企业规模越大、专业度越高，在做高利润率产品的时候需要考虑的问题就越多，如图6-8所示。

图6-8 企业做高利润率产品要考虑的问题

（1）是否具备长远发展潜力

企业经营是一件很严肃的事情，不能用三天打鱼两天晒网的心态对待它，作为经营者在做每个决定的时候，都要考虑到这是否会对企业的未来发展造成负面影响。除常规的生活日用品以外，大部分产品其实都有淡季与旺季之分，这是很正常的现象，然而淡季并不代表产品就毫无销量，某些高利润率产品反倒有可能变成赚快钱的一次性工具。经营者本身要明确自己要走的是什么样的战略路线，长期与短期规划结合起来才能铺平企业前行的道路。总之，在看到那些旺季爆款的时候也不要急于参与，要先将方方面面的影响考虑清楚才好。

（2）是否会影响品牌形象

通常专业性比较强的企业会更注意自己的品牌形象、口碑，所以其在面对高利润率的产品时也会更加谨慎。就拿曾经非常火爆的双蛋黄雪糕来说，该款网红雪糕在刚出现时也掀起了一阵潮流，然而不久之后便因为某一批次的雪糕被检查出质量方面存在问题，而导致购买者数量立刻开始大幅度下降。高利润率产品带来的是高需求度的市场，而在这一过程中，产品本身是否存在风险、品控工作是否存在较大难度，这些问题都是经营者及内部团队需要考虑的。

像灯泡棒棒糖，哪怕企业贴心地给出了食用提醒，依然会有许多人因为好奇心理去尝试一口吃。虽然这样做的后果与企业的关系不大，但企业依然要承担相应的责任，如果出现严重问题，会使企业的社会形象受到猛烈冲击。品控对大型企业来说格外重要，只关注利润程度却不在意品控质量、品牌声誉的话，那高利润率产品就俨然像慢性毒药了。

（3）是否能应对高竞争环境

高利润率产品虽然自带风险，但为企业带来的显著收益增长无疑也十分令人心动。有利益的地方就肯定会有竞争对手出现，不可能有一个人独享美食这么好的事情。所以，企业要考虑清楚，自己能否应对这种竞争程度较高的环境？是否有必要将自己置于这种环境中？是否会对企业当前的运营状态造成影响？在没有考虑清楚的情况下就贸然将自己置身险境的话，很有可能连短期的利润都难以赚到。

虽然有时候企业也能蹭到爆款的热度，但为了使热度不会在短时间内下降，企业还是付出许多成本去对其进行大面积的推广，这样一来究竟能否借助产品获得高利润也是一个未知数了。总之，高利润率产品本身的商业价值确实很明显，不过也不排除有一些只是披着苹果外衣的毒药，企业要做好全面、客观的分析，在抓住时机入局的同时也要控制住自己的跟风心理。

第 **7** 章

营销手段：
实现低成本快速传播有技巧

———

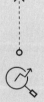

优秀的增长黑客团队不仅能够打造快速、大范围的传播效果，而且还能控制住用于营销的资金，尽可能在低成本的前提下实现高效传播。为什么拼多多能够在电商市场饱和度已经如此之高的环境中崛起？主要原因就是拼多多可以捕捉并利用好那些有效的传播因子。传播是有技巧的，而不是一味地提高预算，现阶段病毒营销已经成为了各大企业用来达成增长目标的强大推动力。此外还有内容营销、社群营销这些符合时代潮流的营销手段，企业都要有所了解。

— 7.1 —

链式反应：
社交媒体是低成本传播的最佳舞台

▼

在专注于线下场景的传统营销时代，人们一般会用"口口相传"来形容某个比较受欢迎的品牌，以此来反映品牌的覆盖范围与传播热度。而在当前，这个概念依然可以被用来做相同的指代，只是营销场景会发生变化，即来自用户的链式反应大都发生在互联网中，而不再是常规的面对面交流模式。如果企业不能把握好当前比较流行的几大社交媒体，那么其在推广产品的路上将会困难重重。

简单来说，链式反应就是用户群内自发进行的裂变传播，在此期间企业无须耗费太多的精力、成本去进行推动，不过需要承担起激发链式反应的职责。信息网络的发展催生了各种类型的社交媒体，社交已然成为了互联网企业研发新产品时的重要理念，只有让用户被社交链锁住，产品增长才有持续进步的空间。如今，社交媒体已经成为了广大企业宣传营销的主要阵地，我们可以总结一下当前流量较大的几个社交媒体，以及其在激发用户链式反应方面能够起到的作用，如图7-1所示。

图7-1 流量较大的社交媒体

（1）微博

此前，提到微博时可能还会有一部分人想到腾讯微博，不过自从腾讯微博官方宣布关停后，微博领域的热度几乎就完全被新浪微博包揽了。不要小看新浪微博的热度，目前娱乐圈中的大部分明星都会将微博当作与粉丝交流互动的主要渠道，而许多品牌也会利用微博来进行一系列营销活动。微博的优势主要包括下述几点。

① 流量大　微博自2009年运营至今，已经有了超过十年的运营历程，而这十多年的稳步增长也使微博积攒了相当庞大的流量。不过，微博流量也分为免费与付费两类，如果是规模不大的营销活动，那免费流量就已经差不多够用了。

② 营销难度小　微博的运营门槛相对来说已经很低了，不需要企业掌握什么专业级别的技术，只要保证各部门成员能够配合得当，在最佳时机打造出具有创新色彩的营销活动即可。微博的社交体系并不以熟人为主，而是更偏向通过各种兴趣圈、粉丝圈来自行搭建社交链，企业要做的就是伸出一只手轻轻推动用户完成自发传播行为。

③ 营销成本低　微博的热搜榜单是流量聚集地，有些企业会赶在大型节假日期间去买一些与品牌相关的热搜话题，只要话题能够上榜，品牌流量就能得到较大的提升。除热搜榜单之外，企业还可以同微博的KOL进行商业合作，或是购买微博开屏广告——不过费用也相当昂贵。当然，微博也有许多低成本营销的方法，而且已经有很多小品牌借助微博完成了低成本传播，重点还是在于企业团队是否具备创意营销的头脑。

（2）微信

微信对社交体系的重视度要比微博更甚，同时其也是社交媒体领域内的代表。为什么有那么多品牌都在激活用户链式反应这件事上对微信寄予厚望？一方面微信本身的用户基数很大，另一方面几乎每个用户都有属于自己的社交链，营销工作做到位的话完全可以在低成本基础上实现大范围的传播扩散。这里，我们可以借达成了刷屏式传播效果的腾讯公益活动来举个例子。

公益活动许多人都参与过，但也有一部分群体秉承着"做好事不留名"的思想，不想将那些电子证书放到社交平台中。然而腾讯公益发起的"小朋友画廊"活动却并没有走常规宣传路线，用户只需花费一元钱即可买到一张专属于自己的独特画作。很快，在活动推出后不到几个小时的时间，各种各样的画作就已经开始在朋友圈疯狂传播。值得一提的是，腾讯公益并没有对此有太多宣传，如与明星合作来助力活动扩散或购买大量广告位等，该活动能够引爆朋友圈主要是因为活动性质积极、形式新颖，因此微信的社交链也得以被成功激活。

如果企业想要以低成本形式来达成传播目标的话，就必须重视社交氛围浓郁的微信。为什么拼多多能够迅速打开自己的市场？主要原因是其抓住了微信强大的生态优势。不过，并不是所有营销活动都能在微信拿到好成绩，假如腾讯公益这次没有以画作当作做公益的奖励，而是给用户一张常规电子证书，活动也难以打造出多轮传播的效果。

（3）抖音

我们在前文提到的许多网红爆款，就是经由抖音打造出来的，抖音在内容传播方面的优势是能够叠加推荐的流量池以及爆发式的传播效果。很多没有太多预算的初创企业都会选择拍摄、创作短视频的形式去做营销活动。抖音支持的品牌推广形式有很多，玩法也更加灵活，不过传播难度也比其他社交媒体更高一些。

入驻抖音的最佳时期早已过去，如今的抖音红利正在慢慢减退，如果企业恰好还处于美妆、服饰这种热门业务领域的话，作为初创企业，竞争压力会比较大。但是，只要找对切入点，也是有可能成功的。

像奶茶品牌CoCo曾经就因为抖音某用户拍摄的"隐藏菜单"短视频而在一夜之间销量大增，不少短视频用户也在相关话题下发布了自己的打卡视频，CoCo在抖音的热度也得到了飞速增长，而这甚至比CoCo直接买广告位的效果还要好。与之相似的是海底捞省钱吃法在抖音的迅速传播。对海底捞而言，所谓的省钱吃法并不会使其产生太大亏损，其更需要的是庞大的客流量。不过海底捞也在借助抖音提高知名度的基础上进行了适时引导，目的是让店铺能够获得更多利润。

（4）视频号

与抖音相比，视频号的发展还并不成熟，但其优势在于背靠着微信这棵大树，而且微信也非常重视对视频号的培养，所以至少在流量方面，视频号是非常占优势的。视频号与微信朋友圈直接打通，相当于进一步缩短了短视频与微信的传播路径。虽然视频号当前各项机制还有待完善，但企业依然可以尝试着去做一下视频号。

　　想要激发用户的链式反应并不容易，因为当前许多企业的增长团队都在想方设法打造能够令用户眼前一亮的创意活动，有时候难免会出现撞车现象。但即便如此，企业也要重视各个社交媒体，同时要记得抓住社交平台主推的内容方向与目标用户的痛点，这样才更容易使链式反应顺利运作起来。

— 7.2 —

传播因子：
6类可撬动快速传播的"杠杆"

▼

　　对线下商家来说，其最喜欢的往往是结账速度比较快的"爽快型"顾客，这类顾客的特征就是在发现自己心仪的商品之后，便会迅速带到收银台去买单。与之相对的是，顾客如果长时间摆弄着某件商品而迟迟不结账，那促成这一单的概率就会有所下降了。将这个场景与传播工作相结合，本质上也是一样的，传播速度越快对企业增长的促进作用就越强，传播速度太慢则难以产生滚雪球的效果。

　　企业如果想要撬动快速传播的"杠杆"，就必须找到并激活有效的传播因子，这就要求增长黑客团队必须深入探访用户的心理。其实那些病毒式营销活动之所以能够大规模传播，主要还是因为活动引发了用户心境的变化，否则用户在内心毫无波澜的情况下，只会直接对营销活动视而不见。那么究竟有哪些传播因子能够成为实用的"杠杆"呢？我们可以总结几个比较常见的因素，如图7-2所示。

图7-2 推动营销活动快速传播的因素

（1）利益诱导

利益之强大，用一句古话来说就是"天下熙熙，皆为利来；天下攘攘，皆为利往"。利益可以使原本为竞争关系的两个人达成合作，也可以使盟友反目成仇，这般强大的武器如果能使用得当，将会为快速传播提供巨大的助力。之所以将利益诱导放到第一点来说，就是因为该传播因子的成功率最高。

无论用户的消费水平在哪个层次，都逃不开一个"利"字，难道买得起各种奢侈品的人就真的能视金钱如浮云吗？很显然不是的。假如某企业在微博筹备一个营销活动，只要用户自发转发某微博的数量超过十万，那么但凡是在十万人以内完成转发行为的用户便能在活动结束后收到一个100元的现金红包。猜一猜，这条微博会在发布后多久达到十万转发量？

虽然这只是虚构的案例，但我们也可以大致推测出结果，或许短短几个小时便能达成转发目标，甚至时间周期还有可能进一步缩短。哪怕企业发布的这条微博没有精致的宣传海报与有趣的文案，依然能获得用户的快速传播。这种利益诱导活动的关键就在于能否让用户产生从中获利、占到便宜的感觉，同时团队还要注意做好活动大幅度扩散之后的用户引导工作，目的是将这些流量最大程度地固定起来。

（2）虚荣心理

虽然我们用"虚荣"这个词去形容一个人的时候，多以贬义性质居多，但其实大多数人都有着虚荣心理，差别只在于是否表现出来以及虚荣程度的不同。关于企业对用户虚荣心理的利用，我们可以借助又一个刷屏朋友圈的案例来进行说明。

2020年2月，网易新闻推出了名为"人生必做的100件事"这一互动类HTML5页面（图7-3）。该页面一经发布，便立刻在微信、微博等社交媒体上开始了快速传播，其中以微信的传播速度最快。在这100件事中，有些是比较基础的事情，如

图7-3 网易营销活动HTML5页面

拍全家福、定期进行自我总结等，但还有很多是"难度"系数稍大一些的事情，如看极光、参加大型赛事、拿奖学金等。

想要参与这一营销活动并不难，填好名字后将自己做过的事情选出来即可。虽然是否分享到朋友圈全凭用户自愿，但大部分用户都会选择将其发布到朋友圈中，这里面固然有人只是单纯想要分享自己的人生经历，不过也有许多人是虚荣心理在作祟，希望看到"你完成了好多事啊""好羡慕"类似这样的评价。

（3）痛点触及

当用户痛点被触碰到的时候，无须外力推动就会产生自发传播行为，不过这要求团队的命中率足够高，如果触及痛点的方向不对或是力度不够大，那用户多半会对此无动于衷。用户的痛感越强烈，内容传播的速度就越快，像SK-II曾经赶在春节期间发布的《为什么她们不回家过年》短片，就使许多有相同经历的女性用户感同身受，而后该短片也开始在各大社交网站高速扩散。再比如新世相曾经创建的"逃离北上广"活动，也触碰到了相当多用户的痛点，自此新世相的知名度也得到了显著提高。

（4）攀比情绪

攀比心理也是一种很常见的心理，许多人在生活中都有过与某些人、某些事暗自较劲的时刻，所以企业要做的就是激发目标用户的攀比情绪。这里可以用一些游戏常用的运营手段来举例，大部分手游都会有充值活动，也会将充值奖励分为几个档次，充值越多能够得到的奖励就越珍贵，比方说账号专属的限量头像框或皮肤、特效等。

攀比心理的关键就在于要让用户产生"我有，你没有"或是"我站得比较高"等类似的感觉。不过在企业的营销活动中，要注意攀比性质不能太过直观地呈现，而且形式也要灵活一些，否则很容易引起负面舆论。

（5）情感招牌

打情感招牌的传播因子与上述内容相比，相对来说应用起来会更简单一些，不过可不要将情感招牌与心灵鸡汤联系起来，二者并不在一个层次上，前者的段位更高、更易打动用户。比方说曾经被朋友圈用户热转的电影先导片《啥是佩奇》就凭借温情感十足的剧情使人们受到了触动，虽然主打的还是传统的亲情路线，却显得十分自然。团队如果想要打好情感招牌，就要用心对待内容，不要出现道德绑架的情节或过于俗套、容易引发争议的剧情。

（6）独特新颖

当用户看到某个营销内容十分独特、新颖的时候，其也会产生自发传播的行为，不过这时候用户的传播心理相对来说就比较单纯了：觉得内容很有趣或很有个性，所以想分享给自己的朋友看一看，或是单纯以转发形式做个记录，以便之后可以再次浏览。像这种个性化内容的设定自由度就比较高了，不过也要记得围绕产品的核心功能突出其核心价值，个性不等于完全放飞自我。

综上所述，在这几类传播因子中，最有效也最容易带动用户传播情绪的还是利益诱导。夸张一点说，如果企业资金足够充裕的话，在微博或微信定时发布几次奖励较丰厚的抽奖活动，品牌影响力就能得到高效扩散了。不过，现实并不像我们想象的那样美好，所以资金条件不是太好的企业便要学着抓住其他几类传播因子来激发用户的传播行为。

- 7.3 -

病毒营销：
实现病毒营销需要先具备的要素

▼

无论是哪种类型的企业，应该都不会抵触病毒营销——前提是触发病毒营销效果的是自己而不是竞争对手，而且营销效果是在向积极方向靠拢。不得不说，互联网的出现与大规模覆盖确实为企业带来了不少新机会，而病毒营销就是被互联网催生出的新型营销方式。如果病毒营销做得好，那企业的曝光率有可能会飞速提升，企业产品的营业额也会有很大的改善。但是，目前的问题是很多企业并不知道要怎样才能打造出病毒营销的效果。

从病毒营销这个名字我们就可以感受到一种比较疯狂的感觉。从某种程度来说，一个成功的病毒营销活动，在传播范围、传播时间等方面本身就是不可控的，但肯定要比普通的营销活动效果好。我们可以先举个例子来了解一下病毒营销。

2018年著名的"锦鲤事件"不知道还有多少人有印象。活动举办者支付宝发布的微博突破了100万的转发量证明了当时网友参与活动的积极性很高。虽然本次活动的中奖者只有一位，但也挡不住网友"万一呢""随手转发"的心态，而这正是支付宝及各大品牌商希望看到的场景。

在互联网热潮的冲击下，流量成为了最宝贵的东西，夸张一点说，没有流量一切免谈，什么增长、传播、口碑这些都是不存在的。而支撑病毒营销运转起来的也同样是流量，但流量不是随便做做活动就能得到的，企业需要明确实现病毒营销必须要具备的基本要素，如图7-4所示。

图7-4 实现病毒营销需要具备的基本要素

（1）产品或服务有价值

产品或服务有价值这一点，既是实现病毒营销的必备要素，也是企业增长的必要条件。虽然当前的产品市场与过去相比要更复杂，将黑的说成白的这种情况也不少见，但普通消费者心中都有一杆秤，究竟是黑是白在正常情况下还是可以分辨出来的。企业千万不要觉得自己请来几个营销专家或多砸一些钱，就能掩盖自家产品或服务不过关的事实，金子不一定会发光，但明明就是一块石头，也不可能靠营销手段包装成金子。

企业要明白，营销手段只是促成病毒营销的辅助因素，真正能够为病毒营销奠定基础的其实还是产品或服务。如果某企业的产品质量是出了名的差，而且无论是技术、包装还是创意都没什么突出之处，那再强大的营销人才也难以将其救回来。病毒营销靠的是用户的自发参与，如果用户对产品本身毫无兴趣的话，那企业就很难看到用户自发传播的效果。所以，经营者的首要工作还是要将产品质量做好，然后才有谈其他营销事项的资格。

（2）活动要有吸引力

有些企业经营者虽然打着病毒营销的旗号，但其实还是对病毒营销不够了解，即在做营销活动时依然以传统的营销思想为主。像是找人做一些产品图片、写两句文案，然后花很多钱进行广告布局，使其能够大范围地占据人们的视线。这种方式虽然能够提高产品在人们心中的存在感，但与病毒营销完全是两码事，前者是强迫用户去看广告信息，而后者则是引导用户去自发传播，两者无论是所耗成本还是营销效果都不在一个层面。

在这里可以拿国外的一个病毒营销案例来讲解一下活动形式的重要性：国外的某个男性希望更多人可以关注男性健康，为了帮助相关公益组织募集资金，其会在每年的11月定时发起一个活动——凡是活动参与者，都必须保证自己一个月内不修理胡须。其实公益活动本身是好的，然而普通公益活动的参与者虽然比较多，传播度却并不算高。而这个活动一经发出便引起了人们的大量关注，有不少男性专门为了本次活动去蓄胡子，主要还是因为信息源新奇有趣，且能够充分满足某些参与者的虚荣心理。正常情况下参与公益活动可能顶多会发一个实体证书，有时候甚至只有一个电子版的文件，有些参与者即便想要展示一下也很难将其直接拿出来，而蓄胡子这种形式却能以一种很自然的方式告诉其他人自己是公益活动的支持者。

当然，目前病毒营销活动的主要阵地还是互联网，所以这就要求企业要重视对活动内容、形式的设置，最好在情感方面触及用户的心灵。

（3）便捷的传播形式

病毒营销一定要保证在传播形式上可以让用户产生足够的便捷感，比方说支付宝的锦鲤活动，为什么只有一个获奖名额用户也能那么积极地参与？就是因为支付宝没有设置太多的传播条件，直接转发那条活动微博就能获得参与抽奖的资格，这对用户而言基本等同于完全没有设置任何的传播门槛。如果支付宝当初多加几个条件，比方说要带话题或在某地拍照打卡、上传截图才能参与活动的话，那凭借其丰富的奖品池也许依然可以吸引较多的参与者，但应该很难达到病毒营销的传播效果了。

企业要明白自己举办营销活动的目的，无论是为了提高品牌影响力还是销售额，都必须要在用户的主动支持下才能实现，多设一项参与活动的条件就等同于为产品的传播扩散之路多加了一道阻碍。而我们在前文提到的蓄胡子案例也同样如此，只是在固定时间内不刮胡子，而不是做造型这种难度系数更高的参与方法，这对用户而言就是一种隐形的鼓励。所以企业不要在这里太过"贪心"，即希望用户多做一些与品牌传播有关的行为，殊不知这样会降低用户的参与积极性。

（4）发布时机要适当

发布时机的选择是很重要的，因为病毒营销本就不是一项长期活动，时效性非常关键，如果没有把握好活动刚刚发布时的热度，那就很难实现后续的滚雪球似的传播效果。这其实就像企业公关一样，正常情况下遇到一些影响企业形象的事情时，企业公关的速度肯定是越快越好，错过最佳公关时机就没什么意义了。

不过，每个人对于营销活动最佳发布时机的理解不一样，有些人为了蹭某些社会新闻的热度，会赶在新闻发布后不久立刻跟上营销活动；有些人觉得赶在每天流量比较大的时候发布活动消息比较好，如每天中午或晚上的休息时间。总之，一般情况下赶在凌晨时间段发布营销活动的企业还是比较罕见的，就算是流量较大的白天，时间段也不能随意选择，还是要根据活动形式及受众特征来确定发布时机。

（5）传播主体有潜力

虽然随着时代的变迁，人们的生活质量与过去相比已经好了很多，有些小学生甚至刚上幼儿园的小朋友也会用一些电子产品，但很显然这部分群体依然不算是有潜力的传播主体。优质的传播主体可以帮助企业高效地将营销活动扩散出去，使其能够尽快达成营销目标，而没有潜力、"质量"不合格的用户群体则基本起不到什么传播作用。

所以，怎样正确选定传播主体就显得至关重要了。首先，受众的整体年龄段最好要适中，太低或太高都容易影响到营销活动的效果；其次，目标受众必须有能够被触碰的痛点才行，只有这样才能高效激发其参与活动的欲望。病毒营销操作起来难度其实并不算大，关键还是在于企业是否有足够优秀的创意与探听受众心声的能力。

- 7.4 -

内容营销：
内容营销绝不等于简单植入

▼

相信很多企业都动过内容营销的心思，这是人之常情。一方面大量内容营销成功案例珠玉在前，很难不让人心动；另一方面，内容营销总给人一种低成本高回报的印象，貌似写点文字、拍些视频就可以吸引大量关注，让人心动了。

内容营销做好了确实可以产生好的效果，但企业最好不要简单以此为出发点，现代社会分工体系下，每一种工作均是专业能力的体现，别人做到的事情，你未必也能轻易做到，甚至一些老板直接要求员工要以低成本实现网络上那些真伪难辨的、低概率的内容营销案例，如果这样的话，基本没什么成功的可能性。想要做好内容营销，我们需要先了解什么是好的内容营销。

相当长一段时间里，不少人误以为娱乐营销就是内容营销，认为绑定娱乐明星热度或开发一个趣味性的HTML5页面就可以吸引很多流量，完成转化。可事实上，吸引流量实现了，完成转化则要视产品而定。对于快销品或用户尝试成本极低的免费互联网产品，转化率往往还可以，但对于尝试成本高的产品，"蹭热点"往往很难实现转化。

既然"蹭热点"难形成转化，那深入绑定总可以了吧，花预算请代言人或植入影视节目中，形成更高的曝光可以吗？这要看企业所处的发展阶段与营销目的，毕竟植入式营销更多是在做品牌宣传，对于未到此阶段的企业而言，尝试植入营销的成本很高，留存率也会受到很大的影响，毕竟用户喜欢代言明星，但未必就一定喜欢你的产品。

好的内容营销应该是帮助受众记住产品价值，而非让产品仅作为内容的辅料。这里又有个"度"的问题，如果内容完全是在讲产品，那么便与广告无异，失去了内容营销的本真面目。应做到产品价值与内容主题相互融合。

如《舌尖上的中国3》播出后章丘铁锅的火爆预定便是非常经典的内容营销案例。美食节目与厨具产品有着太多可融合之处，露出再多的内容也都是在讲述"知识"，加之产品过硬，很快受到了大众的追捧，而全然不存在大众对一些广告的天然反感情绪。

此外，内容营销的目标应是让内容成为无限的流量入口，让用户在生产、传播内容的过程中形成持续互动。如大众点评本是一个餐馆打分推荐平台，但帮助用户达成挑选餐馆目的的过程中最吸引用户的是什么呢？是各类点评内容，刷信息、看美图本身便是一种享受，且可持续。"蹭热点"的营销方式则极难产生类似的效果。

内容营销应能有效帮助塑造消费动因。所谓理性消费自始至终就是一个程度词，理性程度在于内容能多大程度上调动起消费动因，这也是大量影视植入营销只能帮助塑造品牌认知的根本原因，受众会在看影视节目时记住品牌而未必会燃起消费动机。相反，很多其他形式的内容营销则可以做到这一点，如优衣库与KAWS联名款的疯抢活动，大量关于疯抢行为的照片与视频内容登上热搜后，很快燃起了其他受众的消费动机，最终达成低成本传播与获客的效果。

- 7.5 -
社群营销：
社群营销的价值、特点与效果分析

▼

社群营销这个概念，即便是非行业人员在现阶段应该也不会感到陌生，而增长黑客团队则对其更为熟悉。社群营销基本上已经覆盖了大部分行业领域，无论是美妆品牌还是手机品牌，无论品牌的档次是高是低，都可以利用社群营销来带动企业增长。下面，我们就来分析一下社群营销的具体价值，如图7-5所示。

图7-5 社群营销的价值

（1）营销成本低

社群营销是许多初创企业在制定营销战略时的首选，主要原因就是其看到了社群营销成本较低这一重要价值点。虽然社群营销不像那些显眼的广告位，能够在短短几个小时之内看到显著的营销成绩，但当社群运营的状态接近稳定时，其效果就展现出来了。社群的培养要一步一步来，而在此期间企业在营销方面的开支通常不会太大，不过适当的物质激励还是要有的。

（2）传播速度快

这里指的传播速度主要包括两个方面：其一，主要指信息的传播速度，直接在社群里面发通知比挨个私信的效率要高得多；其二，指社群本身的传播速度，如果能够出现用户裂变效果，A会将社群推荐给B和C，顺利的话可以层层推进，使社群得到强度更大的曝光。这意味着什么？意味着社群的规模会在接近零成本的前提下越来越大，产品也能够被更多人看到。

（3）易拉近关系

无论是种子用户还是后期新增的用户，对企业而言都是非常重要的资源。想要稳定、留住用户，企业就必须努力拉近同用户之间的关系、获取用户的信任，而社群营销能够帮助企业接近目标，通过高频率、近距离的交流来提高用户的忠诚度。

社群营销涵盖的知识点比较多，虽然实战效果非常重要，但也要打好理论知识的基础才行。在正式进入社群营销的实战环节之前，团队需要先将社群营销的主要特点了解清楚，否则很容易白费功夫。只有明确社群营销的特点，才能更好地将社群营销与普通的营销方式区分开。社群营销的特点如图7-6所示。

图7-6 社群营销的特点

（1）社交属性

社群营销的一个"社"字就能够将其核心特点展示出来，虽然这对社群营销来说是基础，然而很多团队却没能将其有效利用。在某种程度上，社群营销与做产品的性质是一样的，产品会经历从诞生、发展到衰退这样一个过程，社群也同样如此。有些团队可以利用好社交这一主要特点，使社群长期处于活跃状态；而有些社群尽管在初期十分热闹，后期却犹如一潭死水。

无论是什么类型的社群，都必须做好社交关系的建立工作，要尽可能让每个成员都参与到社群营销的过程中来，不能只有管理员在那里不断发布消息、自说自话。如果某个社群的社交属性不是那么明显，大部分人都在"沉睡"的话，社群便很难发展起来，更不要说产生什么价值了。

（2）温度感

具有温度这点，许多团队没有做到或者说没有重视起来的。我们需要明确，为什么要做社群营销？当然是为了能够从中获利、培养更多的忠实粉丝，而不是将其变成一个单纯用来通知消息的工具。很多人不明白，为什么别人的社群营销可以如此成功，社群规模不断扩大不说，连带着各项增长也能高效提升，而自己的社群却什么动静都没有。

如果出现这样的情况，倒不如先反思一下自己的社群营销方法、理念是不是存在问题。

有些社群就像普通公司群一样，虽然制度非常规范，但却没有把握好火候，成员之间的交流大多在有新品或有活动的时候，完全提不上什么亲密度、归属感。这种情况对一个社群来说相当不利，因为社群营销从某种程度上说也是一种情感营销，成员之间的关系越好、对社群的信任感越强，社群营销的作用就越能体现出来。

（3）去中心化

什么是去中心化？先来反向推导一下，常规情况下一个社群的中心应该是谁？是社群的创建者及内部管理员，那么去中心化的主要目的便是弱化这些人，突出其他社群成员。因为成员才是社群的主体，成员的言行举止也非常重要，一味凸显管理者的存在而忽视成员，只会导致社群渐渐失去生命力。

打个比方，社群管理员就像一片土地，而成员则是土地上的种子。二者本应该是相互依存的关系，如果种子全部枯萎，土地的价值便难以体现出来。因此团队在社群营销的过程中，必须要时刻注意去中心化这一要点。

（4）利益联结

企业会选择组建社群是因为想从中获利，而用户会加入社群同样是因为有利可图，所以利益联结也是社群营销的一大特点。不过，利益联结与社群具备温度这一点并不冲突，换句话说，这两点融合到一起能使社群营销的效果更加理想。

但是，如果有哪位成员影响了社群的利益，那么其便没有办法在社群久留了。虽然一般情况下不至于用害群之马这种过于严重的词去形容他，但也肯定不能放任其继续破坏社群秩序、损害内部利益。不要忘记社群的社交属性，一个人的思想、行为多多少少会影响到其他社群成员，所以必须要尽快将其清除出社群。

如果说了解社群营销的价值是为了帮助企业增加做这件事的信心，掌握社群营销的特点是为了能够在实践过程中将这件事做得更好，那么对社群营销进行效果分析，就是为了使社群营销的效果可以达到最优化状态，使其价值可以最大程度地发挥出来。然而，这里主要会出现两个问题：其一，经验不足的团队常常会忽视效果分析这项重要工作；其二，团队无法抓住社群营销效果分析的重点，导致分析效果并不理想，无法使当前的营销状态有所改善。

那么究竟如何做好效果分析的工作呢？我们需要抓住几个主要的分析要点：首先，社群氛围是否融洽、有序，这个基本上就已经能够将团队的管理效果反映出来了，但有些社群由于自身性质比较特殊，所以不能单纯靠成员发言频率来判断社群氛围；其次，团队要制定好明确的数据指标，来判断社群营销究竟是否为企业带来了增长，如果用户、资金或品牌影响力都没有任何优化趋势的话，团队就要找找问题所在了；最后，对社群裂变程度的检测也很重要，如果社群不能在没有外力推动的情况下出现裂变现象，那也不是一件好事。

社群营销的效果分析从总体来说要将客观数据与主观评判结合到一起，只看数据而不考虑社群实际情况的话，也会使结果有失偏颇。总而言之，社群营销还是要以成员为主体，要明确来自成员的普遍需求与某些顾虑，并尽快将其解决。

案例

拼多多爆发式增长过程中的传播因子

拼多多虽然一度在发展过程中被打上了诸如"土味十足""不上档次"这样的贬义标签，但已经走过了艰难发展阶段的拼多多，已经无须多说什么，直接将数据搬过来就可以证明自己当前的商业价值：2018年12月，拼多多年度活跃用户超过3亿；2020年3月，拼多多年度营收直飙300亿元；2020年5月，拼多多股票再创新高，市值达到700亿美元以上。截至2020年，刚刚满五岁的拼多多已经在电商市场站稳了脚跟，而这显然不是其能够触及的最高点。

如果用拟人的方法来形容，那拼多多大概就是一个很励志的少年，白手起家为自己创造财富，而前几年的创业经历虽然也走了不少弯路、挨了很多嘲笑，却依然不能阻止这个年轻人一步步越走越高。

自拼多多创立的第二年开始，其便以下沉市场为目标发起了猛烈的进攻，其发展进程完全可以用爆发式增长来形容。如果不是这种火箭式的增长速度，拼多多就很难将运营时间远超自己的京东甩在身后，取而代之拿下国内第二大电商平台的荣誉。不过，拼多多的增长路径是一般企业难以复制的，我们可以详细梳理一下其在增长过程中的传播因子，如图7-7所示。

图7-7 拼多多爆发式增长过程中的传播因子

（1）强大微信生态

虽然目前微信已经对拼多多的传播进行了一定的限制，但有了前几年借助强大微信生态打下的基础，拼多多即便被砍了一刀，也不会因此而直接退回到初期创业阶段。不得不说，如果拼多多在早期没有微信这一社交平台的帮助，将很难取得今天这样的成就，也很难打造出爆发式增长的效果。

微信庞大的流量只是助力因素，却并不是核心的传播因子，就像同样的一块田地只有在有经验的劳动者手里才能得到良好开垦，而不符合条件的人则对其束手无策一样。拼多多本身面向的就是潜力巨大但无人开发的下沉市场，而这些目标用户大多不使用QQ，而是在微信平台进行简单的社交活动。所以，拼多多之所以能够将微信的社交价值利用到最大化，也是因为其与拼多多本身的业务性质比较契合。

微信使拼多多完成了高效增长，用户会自发完成裂变行为，为拼多多带来更多的新增流量，而后继续完成下一轮循环。即便在现阶段，微信依然有许多以拼多多为主的社群，这些社群的活跃程度普遍强于普通社群，这也使得拼多多的增长更加迅猛。

（2）实惠交易环境

我们在前文分析过，能够激活用户传播行为的核心就是利益驱动，大部分人不会耗费时间去做一件对自己没有帮助的事情，只有在明确自己有利可图的基础上，用户的传播积极性才会被调动起来。在面向下沉市场的拼多多还没有出现之前，各大网购平台虽然也能为人们提供一定的优惠，但能够更多地吸引到网购用户的还是其便利的购物条件，即无须出门即可买到自己想要的东西。

拼多多出现之后，便迅速以超低价格引起了消费者的注意，虽然与其他网购平台相比，拼多多确实显得不够"高档"，但其确实能够提供给用户足够实惠的交易环境。拼多多的商品种类较多，而且近年来针对偏远地区开展的扶贫工作并不少，像滞销水果的价格会比市场平均价位低很多，所以网络另一头的消费者能够在拼多多上享受到更大的优惠。

早期拼多多对内部环境的把控还不像当前这样严格化、体系化，所以经常有用户反映产品质量方面的问题，于是导致许多人对拼多多产生了偏见。但随着拼多多对交易环境的整治力度越来越大，平台的购物环境也较此前有了较大的改善，许多并不具备下沉用户特征的消费者也开始尝试在拼多多购物，并会在买到性价比较高的产品时迅速向亲朋好友分享。所以，拼多多爆发式增长过程中使用的手段虽然有很多，但关键点还是在于超级划算的产品价格，让用户得利才能使其愿意自发成为传播链中的一员。

（3）各类拼团活动

拼多多的两大传播优势分别是强大的社交体系与绝对优惠的价格。但是如果不能将二者自然结合到一起的话，拼多多就不会拥有如此迅猛的增长效果了。当刚开始使用拼多多的时候，第一眼就能在首页看到各种各样的拼团活动，虽然乍一看形式很多样，然而一旦深入分析，我们就会发现这些活动的套路大都是相似的，不过每个活动能够发挥的作用并不相同。

就拿拼多多折扣力度较大的限时秒杀活动来说，你可以在限时秒杀的板块随意选择自己想要的商品，但是想要以较低价格买到商品的话，就必须发起拼单。以拼多多当前的流量，用不了多长时间就会有人参与拼单，不过用户也可以选择直接邀请自己的好友。不少人在微信中收到过朋友发来的拼多多拼团、帮砍价等消息，当A借助B、C的力量以低价购入某款商品后，B、C也会因此而感到心动，于是也会参与类似的活动，而后将页面分享给更多的好友，用户的链式反应便会激活。

（4）快捷传播渠道

用户在网购时除了图便宜以外，还希望平台能够给自己便捷的购物体验，如果用户在传播过程中受到的阻碍太多，便无法促成增长。试想一下，我们在拼多多分享某个拼团页面给好友的时候，是不是会自动生成一段文案？

如果将自动生成这一环节取消，只留给用户一个链接或二维码的话，有一部分用户便会失去辅助传播的潜力。而频繁接收拼多多消息的用户虽然也会产生不满情绪，但不管怎么说，像"帮我砍一刀嘛，爱你哟~""拜托帮我参个团"这样的分享文案给人的感观也比一个字不说直接甩链接要强。而作为分享方，即便是对互联网不甚了解的中老年群体也不会感受到太高的门槛，简单操作几下便可以将分享内容发给自己的好友。

尽可能消除用户在传播过程中遇到的问题、阻碍，同时为用户打造无法忽视的社交体系，再配合上有着绝对吸引力的价格，拼多多的增长进程自然能够得到较大力度的推动。

第8章

良性循环：
陷入增长停滞期怎么办？

—

跑得再快的人也会有慢慢减速的时候，增长势头再猛的企业也不可能永远都待在安全区，经营者必须要做好企业有可能陷入增长停滞期的心理准备，这样才能在出现问题的时候及时应对。增长黑客团队必须在企业增速有明显下降时就立刻警惕起来，并要尽快找到导致这种情况出现的原因，这样才能将企业以最快的速度带离泥沼。有许多企业就是因为没有从增长停滞期中及时抽身，所以之后的路才会越来越难走。

- 8.1 -

未雨绸缪：
时刻警惕成就你的反过来限制你

▼

　　增长不是某一个时间段的事情，而是要与企业共同发展、前进的。假如某一日企业的增长曲线不再呈上升趋势，并且很长一段时间都得不到缓解，那么企业所处的环境就非常危险了。有些时候，经营者手中紧握着的确实是对企业增长有帮助的武器，然而如果处理不当、不具备危机意识的话，这把武器也有可能会起反作用，即为企业带来消极影响。因此无论是经营者还是增长黑客团队，都必须要具备未雨绸缪的思想才行。

　　就拿王安石曾写下的那篇著名散文《伤仲永》来说，为什么文中的方仲永明明一开始就拥有过人的天赋、起点比村子里的大部分人都要高，但后期这个被人们冠以"神童"称号的人却走下了神坛，变得与普通人无异呢？毫无疑问，早期能够成就方仲永的是他展示出的作诗能力，如果能够好好培养这个优势，其在后期的能力绝对要比早期强。然而，方仲永的父亲却只看到这份天赋背后巨大的金钱利益，所以只依靠天资而不去学习新知识，方仲永的结局也就可想而知了。

　　我国的百年企业数量较少，有很多企业虽然一开始的发展势头很猛，但却还是在之后迷失了方向，做出了错误的选择。经营者必须要保持清醒的头脑，客观审视当前的局势，才能让成就企业的东西不会变成使企业走向生命终点的催化剂。

　　作为肩负着重大领导、决策责任的企业经营者，可以期望企业有一个美好的未来，可以在经营过程中尝试着用赌徒思想去做一些决定，但其必须在做某些事之前做好可能失败的心理准备，并要做好应对方案。商业战场中的竞争十分残酷，没有人可以十拿九稳，但经营者必须要有居安思危的意识，不能对成就自己的东西过于放心，认为其能够长久为自己提供帮助而不会带来任何风险。事实上，没有未雨绸缪意识才是最大的风险。那么企业要如何才能做到未雨绸缪呢？

可以参考几个比较基础的方法，如图8-1所示。

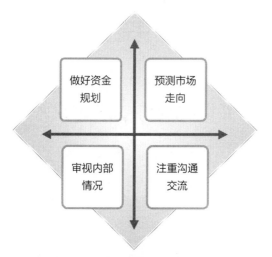

图8-1 企业未雨绸缪的方法

（1）做好资金规划

经营者必须对企业内部的实际资金情况了如指掌，而不能只有一个模糊的概念，资金问题容不得任何疏漏。除此之外，经营者还要与其他高层人员进行商讨，目的是将资金规划的方案做到位，钱少固然会使企业的发展受到一定制约，然而钱多未必不是藏了毒的红苹果。如果经营者不能对相对充裕的资金进行合理利用，那么这些钱可能就无法发挥作用，砸了很多钱却一点声响都听不到的情况也就十分常见了。

（2）预测市场走向

增长黑客团队要配合经营者做好预测市场走向的工作，在不考虑外部市场环境的情况下擅自做决定，会使映照着企业经营状况的镜面出现一道裂痕。如果没有人注意到这道裂痕，那么随着错误决策的增加，裂痕便会越来越大。预测市场走向就像考试前老师画的重点一样，虽然这些重点内容不一定都会在考卷上一一呈现，但总比不知道要强。

（3）审视内部情况

如果企业的资金链已经非常紧张了，作为经营者却依然没有做出任何有所缓解的举动，反倒是继续扩大多元化经营的范围，会将原本就已经快到悬崖边缘的企业逼迫到更加危险的境地。经营者一定要擦亮自己的眼睛，将那些可能会对企业发展造成影响的风险因素全都抓出来，眼睛看得越清楚就越能做出正确的决定。

（4）注重沟通交流

企业经营最不可取的就是一言堂式的经营模式，经营者各方面的能力再优秀，也不能独断专行、完全无视他人的建议。与管理层及各部门负责人保持适当频率的沟通交流，可以让经营者更精准地评估出企业当前的经营情况。在没有接收到足够信息的基础上做决策，就难以及时洞察到企业有向消极路径转变的信号。

商业战场中，合作伙伴有朝一日可能会变成敌人，而在某一时期成就了企业的优势也可能变成致命的弱点，带有未雨绸缪的意识、采取灵活的战略布局才是企业经营的安全之道。

-8.2-

停滞原因：
企业陷入增长停滞的4种主要原因

▼

即便是擅长跑马拉松的运动员，也不可能24小时持续奔跑，总会有抵达终点后停下来歇一歇的时候。企业增长其实也是这样的，除了少部分企业可以始终让增长曲线处于较为正常的范围外，大部分企业在经营过程中其实都有过增长停滞的时期，即便是某些当前在社会中知名度较高的企业也不例外。这一时期对企业而言将会十分艰难，撑过去就可以获得更长远的发展。

增长停滞对企业而言意味着什么？如果是大型企业的话，或许尚有努力挣扎一下从困境中走出来的机会，然而对于根基还不稳定的中小型企业来说，内部全员都要背负着巨大的压力。这种时候，单靠高层压迫中层、中层继续给下层员工压力是无济于事的，在没有合理战略布局的前提下，层层施压只会导致企业离最后的崩塌更进一步。其实有许多企业并非没有能力制定出相应的缓解策略，只是不能准确认识到企业当前存在的问题。下面，我们就来总结一下使企业陷入增长停滞期的几个主要原因，如图8-2所示。

图8-2 企业陷入增长停滞期的主要原因

（1）核心业务没做好

企业如果不能用心对待核心业务，其严重程度就像马上要高考的学生不认真对待自己的课业一样。但是高考成绩不能代表一切，有些学生就算出现了考试失利的情况，也有可能在下一个人生阶段找到新的出发点，然而企业可就不一定能有这么乐观的转折了。核心业务对企业来说代表着什么？是企业增长的动力源泉，是企业赚取利润的主要工具，是企业能够在市场中站稳脚跟的重要基础。

最具竞争力、在企业增长过程中做出了最大贡献的业务，就是企业的核心业务。一般来说没有哪个企业经营者会连自己的核心业务是什么都不知道，只是自认为核心业务已经达到了很成熟的程度，于是便将目光转向了其他业务。严格来说，核心业务的发展永无止境，企业必须不断对其进行研发与优化才行，虽然这并不代表企业就要一条路走到底、不能走多元化业务发展路线，但是要选对时候。

如果核心业务带动企业增长还没有多久，有许多价值还没有被挖掘出来，经营者便急不可耐地要去开发其他增长潜力比较明显的业务，这只会使核心业务的质量与增长效果难以得到保障。

（2）内部管理出问题

企业会陷入增长停滞期，与内部管理也有一定的关系，毕竟很多工作都要靠员工来维持运作，员工效率不高或心态出现问题很容易影响到企业的整体增长。新东方的创始人俞敏洪曾经就这个问题发表过自己的见解，他认为初创企业应该尤为重视内部管理这一点，至少作为创始人必须要提前想好应对之策。

其实很多互联网领域的企业，创始人本身可能对于一些技术方面的原理并不是很熟悉，这些重要的技术工作通常由其他合伙人或招募来的技术人才去做，这种情况对创始人来说其实非常危险。

举个例子，某企业的核心业务发展势头不错，消费者的反响普遍也很好，而这时候几名合作创业的伙伴却因为利益问题而产生了争执。经过一段时间的交涉，几个人的矛盾依然无法调和，这时候负责技术的几个人就表示要脱离企业另立门户。无论创始人这边能留下多少资源，一旦这些掌握着核心技术的人选择离开，而创始人又没有及时想出应对方法，那企业想要再保持原先的增长状态，无异于是痴人说梦。

此外，有些企业内部的管理问题其实一开始就存在，如奖惩制度不明确、激励效果不到位、管理层频繁搞特权等。不过这些问题在初期可能不会那么明显，或者说只是埋下了一颗雷，还没有到引爆的时候。但是，当内部管理效率已经无法再跟上高速发展的企业时，双方的矛盾就会被激化，而后在某个时间点彻底爆发。其实直接爆发比一点点腐蚀着企业要强得多，因为前者尚能让经营者有应对机会，而后者却难以使其及时醒悟。

（3）行业竞争变激烈

如果让你一个人吃一块完整的蛋糕，那你一定能吃得很饱；如果将这块蛋糕分给数十个人，那你肯定没办法再像过去那样吃得那么饱了，有时候甚至连手中已经变小了的蛋糕都会被其他人夺去。有些企业之所以在前期能够保持比较平稳的增长，是因为市场环境相对来说还比较友好，没有太多竞争对手可对其造成威胁。然而当竞争变激烈之后，企业便会无法避免地受到影响，因此陷入增长停滞时期。

2019年，小米的手机出货量已经达到了全球第四的水平，其商业价值更是一路水涨船高。然而保持着高速增长状态的小米，其实在2016年的经营状况已相当艰难，也同许多普通企业一样陷入了增长停滞期。那时候的小米手机在市场中的影响力其实已经不小了，然而还是受到了智能手机市场激烈竞争的冲击，手机销量可谓是直线下降。不过好在小米的经营团队思路十分清晰，想出了可以解救自己脱离危机的方法，于是小米在2017年又渐渐找到了节奏，从增长停滞的困境中慢慢脱离了出来。

（4）战略决策出差错

我们在第一点里提到的核心业务，其实也属于战略决策的范畴，企业的战略决策方向对其之后的发展命运有着重大的影响。许多企业会陷入增长停滞期且难以从困境中走出来，就是因为战略决策出现了很严重的问题。这也是我们强调企业要未雨绸缪的原因之一，不具备危机意识、不考虑市场变化，只是满足于当前的增长，就很容易导致经营者无法做出精准有效的战略决策，企业增长自然会受到波及。

上述提到的基本上都是企业内部原因，很多都是可以提前防范的。不过也有一些外部客观原因会导致企业陷入增长停滞期，比方说在经济不景气的背景下，企业增长随之放缓也是很正常的，这时企业最好走保守路线，不要有什么太过大胆的决策。总之，大部分情况下企业还是站在主动方的位置，经营者平时要多留心内部问题并及时解决，才能避免企业过早或过于频繁地陷入增长停滞期。

8.3

系统能力：
最终决定规模天花板的还是系统能力

▼

企业发展进入了新的时期，相比过去能够触碰到的机遇会更多，但企业的经营方法也应更加灵活。如果继续沿用固有的经营理念，企业将难以在竞争环境中生存下来，所以我们会在本节介绍一个对企业生存、增长很有帮助的新概念——系统能力。

系统能力并不是真的要借助网络建立一个系统，也同信息技术领域的关系不大，虽然提高系统能力也确实少不了互联网系统工具的帮助，但其想要表达的主要是对企业统筹布局这方面的战略要求。举个例子，小张老师成为了一个班级的新班主任，在正式开学之前便做好了自己的工作规划，如本学期让本班的多少学生进入年级的第一梯队、在卫生方面拿到多少个流动红旗等。

严格来说，小张老师制定的工作规划并没有什么问题，无论是方向还是指标都在合理范围内，然而真正实施起来，小张老师就发现了问题的严峻性：本班学生的学习基础普遍较差，多数人对于基本学科知识的掌握程度与年级的正常水平有较大差距，且这个班早先就没有制定合理的班级制度，学生上课聊天、睡觉的现象也十分频繁。面对这种情况，小张老师只能一个一个去解决问题，虽然解决的结果我们不得而知，但这种情况放在企业的经营场景中，只会显得更加棘手。

很多经营者在制定战略目标的时候雄心勃勃，真正实施起来却发现困难重重。企业文化不完善、各部门工作职责混乱、人力资源体系管控不到位……这些都是企业系统能力提升的阻碍因素。如果企业不具备完善、全面的系统，或是不能对其进行良好的管控，那么即便企业的战略方向是正确的，企业内部的工作效率也无法跟上。很多经营者的脑子里只有增长这件事，却没有想过如果没有各个零件协同运作，再高级的机器也无法发挥作用。

只有提高自身的系统能力，企业才有可能走得更远。换句话说，企业的系统能力在当前几乎能够直接决定其增长规模的天花板，不重视系统能力的企业在新时代的竞争力会很弱。那么企业如何才能对系统能力进行有效强化呢？具体内容如图8-3所示。

图8-3 强化企业系统能力的方法

（1）加强各部门的联系

企业能够获得高速增长，离不开任何一个部门的努力，虽然在贡献程度上各部门会有所差别，但也不能因此而舍弃任何一个部门。举个简单的例子，我们去餐厅吃饭的时候，觉得谁对餐厅的贡献最大？想必有很多人都会将厨师这个答案脱口而出。然而，如果没有服务员为客人点菜、上菜，没有前台为客人结账的话，那餐厅也难以运营下去。

所以经营者不能因为与核心业务关系最紧密的部门贡献最大，便忽视了其与其他部门之间的联系，这样会直接导致各部门沟通渠道被切断，彼此之间的协作效率也会大打折扣。企业的成功从来不是一个人或一个部门就能实现的，只有对多方进行系统化的管理，企业的工作效率才能得到有效提升，连带着各项业务的推进也会顺利起来。

（2）打造动态管理体系

做好内部管理很重要，但许多企业依然沿用着传统的管理模式，这并不能使企业的系统能力得到强化。能够对系统能力起直接作用的是更符合时代特征的动态管理模式，经营者要以打造动态管理体系为目标去进行整体的运作。这种体系的优势主要在于下述几点。

首先，动态管理体系就像一把强化后的大伞，能够帮助企业更好地抵御来自外界的风雨，不会使企业轻易就陷入动弹不得的困境中；其次，动态管理体系能够使企业内部的资源配置更合理，目的是尽量避免人、财、物等资源的浪费；最后，动态管理体系的创新性更强，更易激发组织活力，使每个人的能力都能有所体现，而不会出现太多浑水摸鱼者。不过打造动态管理体系这件事并不是短期就能做成的，中高层需要配合得当才能将体系搭建起来，后续也要持续跟踪体系的运行效果。

（3）塑造企业文化氛围

除了要做好管理机制这方面的布局以外，对企业文化氛围的塑造也很重要。如果企业内部的大部分员工目标与企业目标不一致、对企业毫无归属感，那企业的成长环境将非常危险。为什么华为能够一次次从逆境中走出来？为什么华为员工的凝聚力可以如此强大？除了华为本身较为严格的管理方针以外，就是因为狼性文化的企业理念已经深入人心，受企业文化影响的员工会在做事前站在企业的角度去想问题，为消费者提供最好的产品与服务。

良好的文化氛围不仅仅是每天早晨喊喊话那么简单，员工哪怕将企业文化通篇背诵下来，如果无法对其产生心灵触动的话，也是没有意义的。所以这就要求经营者在拟定企业文化内容的时候，主体方向一定不能跑偏，不能以影响员工利益为前提，同时要能够推动企业长远、健康的发展。企业文化虽然也可以随企业发展而进行优化，但灵活程度远不如动态管理体系，频繁调整难以使员工在思想上达成一致，因此初期方向的确定便显得格外重要。

（4）构建信息反馈机制

信息反馈不仅仅指人与人之间的工作交流。某些信息沟通效率非常低的企业，可能管理层传达了某个指令，而接收对象却难以在第一时间收到指令内容，还有可能会出现信息传递有误的情况。但如果企业能够使信息渠道变得更加畅通，各部门接收信息的速度与质量就能有所改善了。此外，信息反馈机制还能够起到监督的作用，比方说某项目推进过程中的一个环节出现了问题，这时候相关人员就要迅速锁定问题及责任人，而后经反馈研究将这个问题及时解决掉。

是否要提高自身的系统能力是企业的选择，其完全可以搬出各种理由去拒绝做这件事。然而在市场竞争甚至是全球化竞争愈发激烈的当前，系统能力过低的企业很容易被淘汰出局。所以，经营者还是要想办法对系统能力进行持续强化，才能为企业找到一个相对安全的庇护所。

8.4

维持增长：
增长黑客维持住高增长势头的3种方式

▼

虽然企业陷入增长停滞期很正常，但为了让自己不陷入被动的局面，企业还是要努力维持增长。但是，很多企业虽然在态度上非常积极，却找不到维持增长的技术要点。而那些处于高增长时期的企业，更是在做决策的时候多了一些谨慎，毕竟从二十楼与从二楼掉下去的受伤程度是截然不同的。

想要永久维持高增长势头在商业战场中是不可能的，有涨有落才是正常现象。不过想要让这种势头多维持一段时间，不让其太快消失，还是有一些方法可以使用的。我们以能够稳定维持增长的华为为例，来分析一下其在维持增长方面的诀窍。

华为，一个已经运营了三十余年的民营企业，站在2020年中国民营企业五百强榜单中第一位的绝对领先位置上，目前仍处于高速发展的状态。早在1995年，华为的销售额就已经达到了15亿元。转年，华为却做出了一个重大的决定：对市场部进行一次大改造。从某种角度来看，华为在做一些事的时候是非常果断的，或者说可以用残酷来形容。之所以会这么说，是因为华为在这次部门大改造的过程中，直接让30%的部门员工离开了自己原有的职位。这是一个什么样的概念？

华为会有此举并不是对市场部不重视，或是想要拿其"开刀"去证明什么，恰恰相反，正是因为市场部对华为的发展有着莫大的影响，华为才会做出这样一个令所有人意想不到的决定。而且，华为替换员工的方式是非常公平、公正的，员工凭能力竞聘，谁的能力达不到要求便会被替换，这与华为的狼性文化也十分契合。

除了对市场部进行了一番大改造以外，华为还非常重视对内部管理模式、流程的改造。为了让内部管理效率变得更高，华为花费了大量资金向IBM寻求管理方面的知识、技巧、经验。众所周知，IBM在互联网领域的地位极高，业务范围遍布全球各地，增长速度更是十分迅猛。能够将业务做到全球化的企业，肯定不乏管理方面的人才，可以说IBM企业内部的任意一个管理专家，都能为普通企业提供较大的帮助，而华为陆陆续续聘请的IBM管理顾问已经达到了五十人，他们无疑能够成为华为改造管理计划中的重要角色。

虽然我们在华为的案例中只提到了两个重要的改造事件，但也足以证明华为能够稳定维持增长是有依据的，而并非全凭运气。运气确实在企业经营过程中也很重要，不过如果将企业的生死存亡全都寄托在运气这两个字上，那企业大概就离破产不远了。结合华为的案例，我们可以提炼一下企业能够维持高增长势头的方法，如图8-4所示。

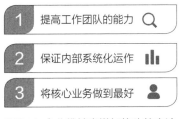

图8-4 企业维持高增长势头的方法

（1）提高工作团队的能力

企业与内部的工作团队，永远是紧密相连的关系，不存在哪一方可以轻易脱离另一方的情况。只有团队努力推动目标实现，企业的发展才能越来越好，反过来说只有企业维持增长的能力逐渐加强，团队成员的价值才能有所体现、薪酬待遇才能不断提升。为什么华为会如此重视对企业文化的塑造？为什么愿意冒着这么大的风险去整改自己的核心部门呢？

试想一下，A团队人数较多，然而真正有能力、愿意用心对待工作的人所占比例却并不高；而B团队的成员虽然数量不如A团队多，每个人的职业技能、素养却都很高。如果你是领导者，你更倾向于选择哪个团队来与你一同工作？部门人员多不一定是好事，有些人可能只是占着一个好位置，却并不能将工作落实到位，完全不具备胜任这个岗位的资格。面对这种情况，经营者要做的就是立刻将其剔除，而不是采取拖延策略。

事实上许多企业会破产并不是因为战略决策失误，而是原本应该成为企业增长强大助力的工作团队实力不够强。还有些人虽然能力很优秀，工作态度却比较消极，如果没人催促就不去主动推进工作，也没有任何危机意识。如果这些人被屡次点拨还是没有任何改善的话，那经营者绝对不能抱着惜才的心理让其继续待在核心岗位上，这只会使企业的增长速度变慢。

（2）保证内部系统化运作

系统能力是企业维持增长必不可少的能力，因此经营者必须要保证企业内部可以保持系统化运作的状态，这样才能为企业增长添加一份助力。这并不是说企业都要走华为这种颇为严肃的管理路线，有些企业比较推崇轻松、自由的工作氛围，让每个员工的心理压力能够有所缓解，但这与系统化的运作模式并不冲突。

系统化运作能够使每个部门的工作效率达到最优化，不会出现某些部门成员不知道自己要做什么或与其他部门职责相撞的情况，也不会使各部门变成孤岛化的状态，会让每个人都能在有序完成个人任务的前提下与其他成员打好配合。有序的工作流程、稳定的工作状态，可以避免企业陷入混乱的工作环境，系统能力的提升可以为各部门成员提供较为清晰的引导，并且能够规范每个人的行为。

（3）将核心业务做到最好

核心业务是企业维持增长的关键，所以企业在前期最好不要过于冒进，即还没有靠核心业务在市场中站稳脚跟，便开始急于发展下一项业务。华为一路发展至今，已经将智能手机这一主要业务板块做到了较高水平，每次推出最新款手机时都会添加一些新技术，而且在运营商业务这方面的服务专业度也在不断提升。

华为在开发新技术、新产品的时候，没有忽视对核心业务的建设。小米也同样如此，虽然其当前的业务领域已经由手机发展到了智能生活、家电，但小米手机在市场中的影响力并没有因此而下降。在核心业务还没有在市场中打出名气的情况下，企业是没有底气喊出持续增长口号的。

虽然华为一直以来都维持着高增长势头，但这是华为全体员工努力的结果，并不是轻轻松松就实现的。灵活的战略决策配合高效的运作体系，以及不断提升的核心业务水平，做到这几点才能使企业更加有效地维持增长。

8.5

跨越周期：
行业制胜规律变迁与你的跨周期能力

▼

假如现在忽然让你进入一个新的时空，穿越到未来，你能够保证自己在未来的生活状态像现在一样好吗？每个人都有自己的生活节奏，社会也在有规地进步，虽然同样都是在向前走，然而有些人的速度却会突然加快。企业如果想让自己的市场竞争力更强大，而不是安于现状、平稳前进，那就要努力提高跨周期的能力了。

跨周期这个概念听起来虽然很酷，但却不是一般企业可以做到的，至少初创企业如果要在一开始就以跨周期经营为目标的话，那只能说经营者的目标过于远大且不切实际。这就好比跳级一样，有些学生的基础知识学得很牢，而且在学习方面有着过人的头脑与优秀的天赋，如果跳级的话会相对轻松一些，跳级后虽然会有一定的适应期，但总体来说也能跟上节奏。然而如果是学习成绩平平、学习头脑也很一般的学生，强行跳级只会使自己的学习成绩变得更差，心态也会受到严重影响。

因此，我们首先要明确的一点就是跨周期是有门槛的，不是随便抬起脚就能跨过去，站得够高才有跨周期的机会。其次，为什么要跨越周期？做这件事对企业的意义是什么？一方面跨周期就意味着你能走在多数人的前面，而非随着大部队一起前进或被甩在身后，这能够使企业的综合实力变得更强；另一方面，跨周期成功意味着企业对于周期的分析、利用能力很强，就像小说里的时间操控者一样，可以使其在面向未来的时候更有底气。

无论是哪一个行业，都会随时间、环境而发生改变，除非这个行业彻底走向衰亡，而后消失在人们的眼中，否则行业将永远不会停下前进的脚步，只是速度快慢的问题而已。企业如果想要成为行业推进过程中的胜利者，那就要在基础条件达标的基础上多多强化自己的跨周期能力。在这里，我们可以借5G市场来举个例子。

2018年，国内的5G业务开始纷纷解冻，无论是企业还是消费者都注意到了5G市场发出的信号。但是，5G在我国的发展还处于初期阶段，许多用户依然停留在4G模式中，距离人人都用5G手机、被5G信号广泛覆盖的时期还很遥远。不过这对华为、小米、vivo这些大型企业来说，反倒是一个可以利用的好机会。

2019年，5G市场逐渐被打开，各大品牌分别推出了新研发的5G手机，其中vivo在这一战中取得的成绩比较好，占据了5G手机的大部分市场份额。vivo之所以会在这场与5G有关的市场竞争中如此积极，就是因为其曾经在类似的事情上吃过亏。曾经，vivo也经历过手机市场由2G向3G推进的发展转型时期，但那时的vivo可远没有现在这样的超高执行力，而是打算先静观其变。在做出了这个比较保守的决定之后，3G市场迅速迎来了爆发式增长期，没有参与进去的vivo自然也难以在3G红利期分到新鲜出炉的大蛋糕。

吃一堑长一智，vivo在之后愈发重视自己研发新产品、新技术的节奏，于是我们看到了vivo在5G市场中格外活跃的身影。vivo此次并没有等到5G市场彻底爆发再去投入产品，而是提早便开始跨周期推进这件事，此后也在5G芯片的研究方面投入了大量精力，希望能够成为处于第一梯队的领跑者，而不是过去那个跟随者。

企业如果想跨周期发展，就必须迈开大步子，但这并不代表企业要冲动行事、跟风决策。跨周期的前提是企业要了解行业目前发展到了哪个周期，自己又处于哪个周期，如果连这都搞不清楚的话，企业做出的决策可能比保守观察的风险还要大。大部分行业周期都可以被划分为四个阶段，如图8-5所示。

图8-5 行业周期四大阶段

在这四个阶段中，成长期的增长速度会比较快，状态比较好时可以实现爆发式增长，但同时这也意味着竞争对手的数量会大幅度增加。vivo的跨周期策略就是提前开始筹备5G工作，而后赶在成熟期到来之前迅速将产品投入市场，占据一定市场份额。vivo的行动节奏很快，但5G市场目前的稳定性并不强，率先进入市场势必会承担一些风险。

这是企业需要注意的，跨周期固然能够使企业先于竞争对手抢占市场，但能否分到蛋糕却是一件不确定的事情，企业要做好自己有可能会亏损的心理准备。如果企业想要强化自己的跨周期能力，就必须要做好下述几点。

首先，跨周期意味着企业经营者和内部重要团队必须要具备足够有远见的头脑，因为跨周期不是一件小事，步子迈错了、节奏掌握不好，都容易对企业的发展造成反作用。这就要求企业必须要清晰判断行业周期的走势，要具备强大的信息采集、分析能力。

其次，跨周期固然要在行动上抢先于行业内的大部分竞争者，但也不能过于着急，比方说将还是半成品状态的产品投入市场去试水，这其实反倒是在为竞争对手提供机会。像华为、vivo这种专业程度比较高的企业，会提前规划好产品研发、投入市场的时间节点，不会为了抢占市场而降低产品、服务的质量。换个角度想，只有优质产品才能帮助其提高跨周期的成功率。

最后，还要强调一点，无论行业环境如何改变，核心都离不开消费者群体的需求。所以企业跨周期还是要以目标用户需求为主，不能将个人意愿放在第一位，只有实现用户价值最大化才能使企业维持增长，同时能够不断提升自身在市场中的地位。

案例

微博陷入增长停滞期的原因及应对方式

早些年，新浪微博刚刚出现在人们视野中的时候，其只是一个供普通用户沟通交流、发表个人言论的地方。但随着微博的一步步发展，如今微博的性质已经发生了改变，普通用户已经不再占据绝对的主体地位，企业、明星、KOL为微博带来了庞大的流量，广告更是成为了微博的主要利润来源。不过，即便是发展势头如此猛烈的微博，也逃不过增长停滞期。

其实单看微博这一路的发展，已经算是相当顺风顺水了，自2009年首次推出内测版后，国内的微博潮流便开始兴起，而后微博更是踩着行业红利而快速崛起，用户量迅速上涨。虽然当时微博市场的竞争非常激烈，腾讯、搜狐微博也都表达过自己的豪言壮志，但从最后的竞争结果来看，胜利者无疑只有新浪微博一个。早在2013年、2014年，腾讯微博的运营就已经进入了困难期，终于还是在2020年以一则关停公告落下了帷幕。

这样看来，暂时没有了强劲对手的微博在市场中似乎非常安全，但实际上却并非如此。根据微博在2018年第三季度公布的财报数据来看，虽然单看第三季度的数据似乎没什么问题，但如果与2017年进行同期对比的话，微博在增长方面的问题就暴露出来了。无论是总体收益还是活跃用户量，尽管在数值上都有所增长，但大幅度放缓的增速却格外明显。

结合数据，可以初步判断出微博在这一年陷入了不容乐观的增长停滞期，但无缘无故肯定不会出现这种情况。我们可以分析一下微博增速全面放缓的原因，如图8-6所示。

图8-6 微博增速全面放缓的原因

（1）短视频领域崛起

2018年，短视频潮流席卷而来，抖音作为短视频领域的主角，也在这一年日活跃用户量达到了2.5亿，带火了许多音乐、产品，很多用户更是表示"一刷就停不下来"。虽然抖音在2018年也遇到了一些困难，但这并没有阻碍其维持住自己高增长的势头，而微博也免不得会受到以抖音为首的短视频潮流的冲击。

短视频的优势在于能够提供给用户一个轻松、有趣的视频观看环境，最多不超过一分钟便可以刷完一条视频，再加上抖音的算法推荐与对视频内容质量的管控，许多用户都养成了闲暇时间就打开手机刷刷短视频的习惯。而在此之前，很多人都习惯于将微博当作自己的放松工具，如今短视频在人们心中的地位越来越高，微博的各项增速必然会受到影响。

（2）用户体验感变差

活跃用户增速下降的主要原因就是越来越多的微博用户在使用微博时的体验感变差，从而导致微博增速放缓。虽然微博的头部账号越来越多，但普通用户的存在仍然很重要，如果只有一小部分人表示了自己对微博的不满情绪，或许还不会对微博增速造成太大影响，但如果大部分用户无法拥有良好的体验感，那活跃用户增速下降便是意料之中的事情了。用户体验感变差其实在2017年就已经有所体现，只是在2018年到达了爆发点，具体原因主要包括下述几点。

其一，多数用户在刷微博时希望有一个足够"干净"的社交环境，而不是随处可见的低质量信息流广告，且评论区内的营销广告也越来越多，严重影响了用户的正常浏览、交流体验；其二，微博经常会优先推荐一些KOL发布的广告内容，这令那些对KOL无感或只想安安静静看正常内容的用户感到非常困扰，也激化了部分用户与KOL之间的矛盾；其三，随着明星群体的大量涌入，微博的交流环境也开始变得很不友好，各种得不到管控的营销号每天都在发布大量的引战内容，这使微博的氛围也变得非常混乱。

（3）付费服务价值低

　　微博的会员服务是其获得收益的主要来源之一。不过继会员之后，微博又推出了一项名为"V+会员"的付费项目，费用在几十元。在"V+会员"刚刚推出的时候，虽然也有部分用户认为这是一种创新，但更多用户则表示了自己的惊讶与反感。

　　"V+会员"表面看起来是保护了一些大V账号的权益，实际上对广大用户来说性价比着实不算高。如果说某些文章付费观看尚可理解，而付费才能看一些日常照片对用户而言就莫名其妙了。因此，尽管"V+会员"的某些功能可以拉近用户与大V之间的距离，但整体来说，没有这方面需求的用户只会觉得无比鸡肋，对商业味道过于明显的微博的印象分也会随之下降。

　　其实前面提到的三方面原因里，前两点特别是用户体验感对微博的发展是最为重要的，毕竟没有一款社交产品可以置普通用户于不顾、完全依靠那些头部账号，后者也是靠前者做起来的。面对这样的情况，微博在之后陆续做出了一些调整。

　　虽然微博早先就已经开始了对直播模式的布局，但是在2018年下半年才正式开始发力，先收购了与其保持着合作关系的一直播，而后又打造了多个新人主播，并且对一直播进行了一番大改造，用户完全可以从便捷通道进入，无论是直播还是短视频，可以自由选择。虽然这与抖音常规的短视频形式不同，但也能在一定程度上推动微博增长。

　　在优化用户体验感方面，微博从低质量广告与总是挑起争端或发布不良言论的某些营销号入手，先后关停了多个涉嫌违规的账号，而后又开启了能够净化内部环境的"蔚蓝计划"，专门处理那些涉及低俗、仇恨等负面内容的不良信息。此外，微博还进一步加强了对平台信息的审核、监督力度，不断扩充着监督员的规模。微博的用户量较大，管控起来也不是那么容易，但只要有所行动就是好的。

　　从微博发布的2019年财报情况来看，截至2019年12月，微博的月活跃用户数已经达到了5.16亿，创下了历史新高。虽然在第四季度微博净利润受到了疫情的影响，但总体来说发展势头还不错，良好的用户活跃情况就是一道强有力的保障。从这里可以看出，只有面向用户、为用户提供优质服务、令用户感到满意，产品才有继续成长的空间。

第 9 章

实用武器：
增长黑客人才的实用工具箱

—

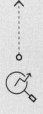

增长黑客团队如果想要高效完成任务，必须要对随身携带的"工具箱"进行持续补充，这样才能使其变成自己称手的"武器"。在这个工具箱里，有起到基础作用的理论工具，也有实战过程中要用到的技术工具，还有能够将任务完成效果变得更好的产品、效率工具。增长黑客人才在熟练应用这些工具的同时，也不能放松对自己的要求，不能迈过职业道德红线，这样才能使企业的增长曲线变得更加稳定。

9.1

理论工具：
增长黑客人才需熟知的多种学科知识

▼

成为增长黑客人才的门槛较高，不仅是因为增长黑客人才需要较丰富的从业经验，还因为增长黑客人才必须要具备扎实的理论基础。增长黑客人才就如一名普通的大学生，要掌握与本专业有关的各学科知识才能顺利毕业，像前文介绍过的4P营销理论就是增长黑客人才需熟知的学科知识之一。除此之外，增长黑客人才还要熟悉一些其他领域的知识，并将其变成自己的理论工具，这样才能随时在工作过程中使用，具体内容如图9-1所示。

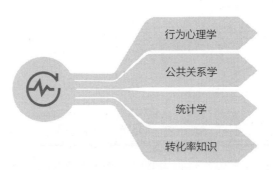

图9-1 增长黑客人才需熟知的学科知识

（1）行为心理学

行为心理学最早起源于20世纪初的美国，是一套影响力与适用范围都非常广泛的理论，应用于某些病症的治疗效果也很不错。毫无疑问，该理论的专业性很强，许多大学专业的必修课程中也有行为心理学。有人会发出疑问：行为心理学同增长黑客有什么关系呢？

首先，我们需要明确一点，即增长黑客必须要足够深入用户的心理，不断探测其在心理上的某些变动，才能打造出与市场适配度较高的产品，使企业不会承受太过强烈的市场风险。其次，行为心理学提出的主要观点是人在受到刺激之后就会产生相关反应，留心观察的话能够看到这种反应是具有规律性的。这也就是说，增长黑客不仅要探测用户的内心想法，还要学会利用用户心理并对其进行精准打击，这样才能在市场中掌握更多的主动权。

这里介绍一个商业社会中比较常用的心理学原理，就是刺激用户责任心、"负债感"的互惠原理，简单来说就是你对我很好，经常会向我提供一些帮助，那我也会做出一些对应的回报举动。

就好比你的朋友送了你一条价值五百元左右的项链，那么在经济水平相同的情况下，你也会下意识回赠一份价值相当的礼物，而不是随便挑选一条十块钱的红绳。将这个原理用得比较好的就是以优质服务著称的海底捞，其能够为顾客提供无微不至的服务，送零食、送菜甚至是看管孩子，让顾客很自然地产生"下次再来"的想法，而且会主动向身边的朋友推荐海底捞。

（2）公共关系学

公共关系学也是一门增长黑客人才必须要学习的专业学科，其涵盖的思想、理论的实用性非常强，且涉及的理论知识也多样化。公共关系学能够帮助增长团队更好地适应当前的市场状态，并且能够更加高效地同消费者沟通交流。虽然过去企业也有过一些公关行为，但是那时候无论是公关的速度还是质量都无法与当前相比。很明显，现阶段企业会对公关板块更加重视，因为良好的公关可以为企业带来许多帮助。

其实很多人对于公关的理解是比较狭隘的，认为公关只有在企业出现危机的情况下才会发挥作用，但实际上并非如此。公关也可以用来传递一些对企业形象比较有利的信息，并且会在平时采集社会信息，目的是能够更深入地了解社会舆论，使企业在做某些决定或应对危机时效率更高。

公关既能够成为企业的屏障，帮助企业避开一些风险，又能成为企业主动进攻的武器，使其能够塑造出良好的社会形象，获得更多优质资源。只有将公关问题处理好，企业才有望将增长势头维持住。增长黑客人才本身就是新型营销人才，基本的公关知识肯定是要有的。

（3）统计学

说到统计学，想必每一个增长黑客人才都不会感到陌生，因为其本身就要对数字有较高的敏感性，并且要掌握灵活应用数据的技能。而统计学就是以数据为主体的一门专业学科，增长黑客人才越是精通统计学的知识，就越能高效完成自己的本职工作。统计学的应用非常广泛，基本上大多数常见领域都有统计学的存在，因为我们的重点在企业的营销问题上，所以就重点来说一说统计学在这方面的几个主要应用，如图9-2所示。

图9-2　统计学在营销领域的应用

首先，统计学可以用来做财务分析，无论是日常的财务分析还是比较重要的年终分析，都需要应用大量的统计学技巧。而增长黑客人才虽然不像专门的财务人员那样要深入接触企业的财务内容，却也要对其有一定的了解，这样才能使决策出错率降得更低一些。

其次，增长黑客人才必须要做好市场调研的工作。市场调研可以帮助增长黑客人才确定某些重大工作的行动方向，能够使用户更容易被打动，而统计学则是市场调研过程中必不可少的理论知识。

最后，统计学对产品优化这项工作的帮助力度也很大。产品优化更适用于某些以开发、运营App为主的互联网企业，就像我们在前文提过的A/B测试，想要得到足够精准的测试结果，也需要统计学知识的支持。此外，借助统计学还可以有效挖掘来自用户的建议，在整理时也会更加快捷。

（4）转化率知识

转化率的高低会直接影响企业盈利，因此对转化率进行合理优化便成为了许多企业的首要目标，增长黑客团队也应持续关注转化率这一重要数据。

当前大部分企业都在不同平台开通了属于自己的网店，但有些网店的转化率却迟迟上不去，难以促进企业的增长，所以增长黑客人才要掌握与转化率有关的知识，才能找到影响转化率的各项因素，而后对其进行合理优化。不过，转化率的优化是一项大工程，不同于常规的理论知识学习，增长黑客人才需要学习的内容会多样化，比方说如何对各类转化率数据进行分析、寻找能够衡量转化率的指标要素等。

学习理论知识的过程可能会有一些枯燥，但是如果想要在实践时获得一个好成绩，那就必须要用扎实的理论知识做铺垫。除上述提到的这些学科类知识以外，增长黑客人才还要多多吸收其他方面的新知识，这样才能在应对各种突发状况的时候更加镇定，也能更高效地拉动、维持企业增长。

- 9.2 -

技术工具：
可提升数据获取、追踪效率的技术工具

▼

除了要掌握理论知识以外，经常要处理数据、与数据密不可分的增长黑客人才还要擅长使用一些实用的技术工具。这些工具能够成为其在工作时的得力助手，使其可以更加高效地完成与数据相关的一系列工作。下面，我们分别就数据的采集、分析等重要环节来介绍一下相应的技术工具，如图9-3所示。

图9-3 增长黑客人才常用的数据类技术工具

（1）数据采集工具

我们要介绍的数据采集工具不仅限于国内，也会有一些国外的实用工具。先来说一下国内使用人次较多的数据采集工具"八爪鱼"，从名字似乎就能看出这是一款数据抓取功能十分强大的工具，其主要优势在于下述几点。

① 多样化应用场景　无论你想采集哪方面的数据、想利用这些数据去做什么，基本上都能在八爪鱼这款工具中得到实现。比方说你想通过数据的采集去做产品研发，那么就可以利用八爪鱼精准、全面地抓取来自用户的数据，以此来更靠近用户需求；你想利用其去做风险监测也可以，该工具的应用场景比较多样化。

② 便捷化采集方法　八爪鱼的另一大优势在于采集方法比较便捷，即便是先前没有深入接触过这方面工作的普通员工也能快速上手，将相关参数设置好就可以进行数据的智能采集。不过这里要强调一点，即增长黑客人才必须提高对自己能力的要求。增长黑客人才可以用八爪鱼去应对一些比较基础的业务场景，但是在碰到一些重大事项的时候，最好还是结合其他的采集工具一并使用。

③ 自定义采集模式　自定义采集主要针对的是增长黑客人才多样化的采集需求，因为如果采集模式过于固定的话，很多不同的业务场景就无法被满足，也难以在一些结构比较复杂的网站上运行。在这里，增长黑客人才可以自行选择自定义的形式，手动配置或智能化处理都是可以的。

八爪鱼的价格相对来说并不算高，资金不足的初创企业可以先尝试免费版本，不过其与收费版本相比会有一定的功能限制，企业需要自行斟酌。除此之外，增长黑客人才还可以尝试使用Qualaroo这款市场调查类工具来采集用户数据。值得一提的是，增长黑客理论的提出者就是Qualaroo的创始人。Qualaroo的优势在于能够将用户的反馈信息进行保密处理，以此来保护企业的合理权益，而且在采集信息时也不会让用户产生被骚扰的不悦感，这样也能显著提高增长黑客人才的数据采集效率。

（2）数据分析工具

数据采集只是增长黑客人才处理数据的初始步骤，在获得了新鲜的"食材"

之后，增长黑客团队就要对其进行加工了。与数据采集工具相比，国内专业度比较高的数据分析工具会更多一些，比方说友盟+推出的数据分析产品，能够提供多个比较实用的数据分析模型，对用户行为数据进行深入剖析，为增长黑客团队提供更安全的决策方向。国外的数据分析工具"Google Analytics"功能也十分强大，既能采集数据也能分析数据，我们可以大致了解一下其比较擅长处理的数据类型，如图9-4所示。

图9-4 Google Analytics擅长处理的数据类型

① 载入速度 　网页的载入速度对任何类型的企业来说都非常关键，因为如果网站速度跟不上的话，用户很有可能会因失去耐心而直接流失。增长黑客团队可以借助Google Analytics分别统计企业网站中几个重要网页的加载速度，再对其进行相应优化。

② 搜索行为 　Google Analytics可以通过跟踪功能来采集与用户搜索行为相关的数据。一般来说，比较注重电商业务的企业会更依赖这项功能，因为其需要根据统计出的数据去挖掘用户的需求、喜好，以此来提高某些内容的存在感或是对那些搜索率较低的内容进行优化或清除。

③ 访客信息 　可以利用Google Analytics中与受众特征有关的板块来检索需要的访客信息。一般情况下，比较基础的包括用户性别、年龄、地理位置等，如果想要更深入一些的话，可以从用户兴趣等方面着手。

④ 停留时长 　Google Analytics还可以分析用户在指定网站中的停留时长，这一方面能够反映出网站对用户的吸引力，另一方面能够为增长黑客团队优化网站提供方向。在网站中浏览相关页面的用户停留时间越长，对企业来说就越有利。如果浏览时间没有达到最低标准的用户数量过多的话，最好通过数据来分析一下出现这种情况的原因。

（3）邮件跟踪工具

有些企业认为邮箱已经成了比较过时的工具，所以往往不会考虑利用邮箱来同用户群体建立联系。但有时候邮箱也可以反映出一些东西，比方说用户行为。一些以销售为主的企业通常有着大量的用户邮箱信息，并且依然会时不时向用户发送一些与产品或企业有关的最新信息。这种类型的企业，可以尝试使用Yesware这款专门用于邮件跟踪的工具。

企业之所以会觉得向用户发送邮件是一件低效率的事情，就是因为常常得不到用户的回应，这就导致其比较被动。面对这样的情况，用户直接给出拒绝信号反倒会令增长团队不那么烦恼，不确定用户动向才是最棘手的。而Yesware则能让相关人员实时在网络另一端接收信息——只要用户打开了邮件，无论其对内容是否感兴趣，工作团队都能够立刻收到通知。Yesware所提供的邮件跟踪服务非常细致，其不单能够显示用户的查阅状态，还能够一并了解其打开邮件的时间以及具体行为，如是否点击邮件内的链接等。

不得不说，邮件跟踪服务能够为注重客户关系的企业提供诸多帮助，比起此前对用户行为一无所知的状态，使用Yesware后可以清晰了解用户具体动向并可以做出较为精准的价值评估，这无疑会为企业创造更多的增长机会。

作为一名合格的增长黑客人才，最好多掌握几种数据类技术工具的使用方法，无论是国内的还是国外的，无论其主攻方向是什么，只要能够为数据处理带来帮助，那就有学习的必要。

-9.3-

产品工具：
如何做好体验优化与竞品分析

▼

产品是企业增长的关键，优质的产品才能为企业带来用户，而不具备增长潜力、没有任何市场优势的产品是难以令增长黑客团队大展身手的。虽然增长黑客团队可以尝试着将80分的产品向90分的水平运作，但却很难将低于及格线的产品带往高分段。因此，增长黑客团队必须不断对产品进行优化，并同时做好竞品分析，这样才能提高产品在市场中的受欢迎程度。

其实优化产品就是在改善用户的体验感。团队在优化产品之前，必须要先问自己几个问题：本次优化的目标是什么？是想要提高用户活跃度还是激活用户的传播行为？优化的主体要定格在哪里？不能只是笼统地说一句优化产品，这只能说明团队根本没搞清楚产品的问题在哪里，比方说优化产品的包装或是某功能页面都是比较有针对性的。

有时候某些经验不足的员工，虽然锁定了产品体验优化的方向，但实际上与用户的需求不符，优化价值并不高，优化后用户甚至会给出"还不如不更新"的差评反馈。世界上不存在绝对完美的产品，总有一些地方需要被优化，这也是产品的问题所在。但是，有些团队却将原本是产品优势的地方通过一番"优化"变成了扣分点，这就得不偿失了。因此，增长黑客团队要努力找到产品中比较影响用户体验的现存问题，可以使用下述几种工具，如图9-5所示。

图9-5 定位产品问题时的辅助工具

（1）启发性评估

增长黑客人才之所以要组成团队，而不是以独行者的形态去工作，就是因为团队模式才能使增长黑客人才的工作效率更高。这就像人们在日常生活中常说的那句话：一个人说有问题还有待商榷，但如果是一群人说有问题的话，那可能就真的有问题了。所以即便增长黑客团队中的某个人职位比较高、能力比较强，也不能在查找产品问题的时候全凭自己做决定，而不考虑其他人的建议。

所以，在这里就要用到启发性评估了。该方法的原理其实很简单，就是找一些符合条件的评估人员来对产品相关内容进行检查、测评，而后将自己检查出的问题汇总起来，再由团队对这些问题进行深入分析。启发性评估的优势可以用"人多力量大"来概括，能够发现产品存在的隐藏问题，不过前提是评估者本身的专业能力要达标，否则不仅评估的速度会很慢，给出的反馈也不会很准确。

（2）用户满意度评分表

经常玩游戏的用户应该对问卷调查并不陌生，如果企业想要更深入地了解用户，就需要优化一下问卷的填写格式，不要用单纯的满意、不满意或选择题来触达用户，有时候以分数形式展现效果会更好一些。打个比方，如果问卷的问题是你对这个游戏是否满意，而后给出了是与否两个选项，那增长黑客团队能够获得的信息量将会非常匮乏。

但如果换一种问法，即"你会为游戏打几分"，在问卷中设置1~5分或是1~10分的区间，让用户自由选择，这种方法就能让团队更清晰地感受到用户对游戏的满意度了。当然这个问题可以随意调换，分数区间也可以由团队自行设定，只是要注意别让用户感到困扰，范围太大反倒会加重彼此的负担。根据用户满意度评分表的信息，团队就能够更精准地定位产品的问题所在了。

（3）数据可视化图表

数据可视化图表的应用是很有必要的，因为有时候口头上的结论并不靠谱，即便将其以文字报告的形式展示到纸质文件中，也不能成为产品体验优化的依据。但是如果将这些结论转换成数据可视化程度较强的图表形式，那团队在寻找问题的时候精准度就会更高一些了，因为这种可视化图表能够让团队更直观地看到数据对比情况。

除此之外，竞品分析也是企业在优化产品体验时常常会做的事情，而其最终会以完整报告的形式出现，使增长团队能够结合竞品分析报告中的信息来定位产品有待完善的地方。竞品分析工作是很有必要的，因为增长黑客团队的目光不能太狭隘，只是一味地关注与内部产品有关的信息并不利于产品体验的提升，定期分析竞品情况才能使优化后的产品更具吸引力。在进行竞品分析的过程中，团队还需要注意下述事项，如图9-6所示。

图9-6 进行竞品分析时的注意事项

（1）竞品的选择很重要

首先，并不是将所有在业务方面有重叠情况的产品都划进竞品的行列，那样的话团队其他的工作都不用做了，光是竞品分析就要做很久。所以在选择竞品的时候，团队要努力寻找那些最具分析潜力的竞品，而不是在错误的目标上浪费时间。不同企业选择竞品的标准也有所差别，但无论如何都不要太过随意地做出选择，如看哪个产品与内部产品比较接近就让其成为分析对象，或是单纯按照产品在市场中的知名度来做决定，这些都是比较片面的。

（2）要客观分析竞品

严格来说，竞品分析要使主客观结合到一起的，但是保持主观相对来说是比较容易做到的，而客观、理性地分析竞品却有难度。人总是会不自觉地偏袒与自己关系比较好的人，面对"敌人"的时候就经常戴上一层负面的滤镜，这其实并不利于自身的成长，放到竞品分析的场景中也一样。不要将所有精力都放在找竞品问题、短处这一层面，事实上竞品的优势才更值得深入分析，了解竞争对手为什么会如此强大所获得的信息的价值比一味地抓着对方的短处所获得的信息的价值要高。

（3）要确保信息真实性

有些团队对竞品分析的工作十分敷衍，这里说的敷衍不是指在进行数据分析时的工作效率有多低，而是在一开始的数据采集环节就没上心。如果只是随意在网页中抓取一些数据，而后对其进行简单的筛选与整理便进入了下一个环节，那信息的真实性就很难保障，竞品分析的结果也不具备太高的参考价值，甚至有可能会使产品体验优化后的效果更差。因此，必须要确保每一条用来分析的竞品信息都是有据可依的。

9.4

效率工具：
利用好工具提升团队产出与协作效率

▼

有时候企业增长的效果较差，并不是因为团队能力不足，而是因为其产出与协作效率不高。这种时候经营者一方面要分析一下是不是内部的管理制度出了问题，另一方面也要寻找一些能够提高团队工作效率的工具。有时候一款好工具也可以成为团队产出的强大驱动力，就看企业是否能够为团队配备正确的效率工具了。

团队的工作效率不高，有可能是因为某些成员的工作态度比较懈怠，不积极配合其他成员推进项目进程。但还有很多团队对待工作很认真，只是有时候难免会因为各种各样的原因使工作效率降低。

比方说某团队因为项目调整而临时加进了一个新人，这时候新人对于项目的进度、存在的问题以及要完成的目标等都不熟悉，其他人就必须要耗费时间向其讲解详细情况。再比方说有些团队成员每天处理各种类型的邮件就要用很长时间，还要将邮件按照重要程度排序，这无疑也会使其正常的产出效率降低。所以，员工能力优秀是一方面，企业如果想要进一步提高团队效率的话，就必须努力减小各种阻碍因素对其造成的影响。当前比较实用的效率工具主要包括下述几种，如图9-7所示。

| 1 | 协同交流工具：飞书、Worktile | 3 | 信息记录工具：Evernote |
| 2 | 思维导图工具：MindMaster、XMind | 4 | 项目管理工具：Ones |

图9-7 适合企业团队使用的效率工具

（1）协同交流工具

无论是做什么工作，团队成员之间多多少少都会有一定的交流，如果交流效率太低，就会导致很多问题无法及时处理。就拿微信来说，微信确实是一款不错的社交通信工具，平时很多员工也会用其来进行一些工作事项的交流，但如果大型企业将微信当作唯一的协同交流工具，那内部团队的交流效率就难以保障了。微信的功能更偏日常交流，无法满足团队成员的协同交流需求，所以我们在这里介绍两款比较适合工作时使用的协同交流工具。

① 飞书　飞书的开发商是字节跳动，自上线以来用户量与好评率都在不断提升，且在2020年2月发布了产品所有功能免费使用的公告。飞书的功能有很多，不过实用性比较高的还是沟通功能，使用飞书的用户可以获得较好的协同交流体验。

新进群的成员完全不会出现面对没有前因后果的聊天界面难以融入的感觉，因为飞书支持新成员入群即可查看所有历史资料，完全不用为了某些数据、资料等而挨个询问其他成员。有时候某位成员有一些紧急事项要汇报，如果用微信，对方是否看到消息就不得而知了。而飞书能够即时显示对方的信息浏览情况，还可以通过弹窗进行加急提醒，让紧急问题可以迅速解决。飞书能够让成员交流保持在畅通无阻的状态，不会出现信息传递不到位的情况。

② Worktile　Worktile也是一款企业专用的办公软件，在功能方面很丰富，操作也比较便捷，能够让团队负责人更好地管理成员。Worktile可以让负责人分配任务的效率更高，每位成员也能够明确自己的任务内容是什么，而后利用Worktile制定相应的日计划、周计划。该款软件能够满足团队的基本工作要求，如汇报工作、提交审批、传递文件等。

（2）思维导图工具

增长黑客团队在工作过程中经常要用到思维导图，特别是在配合其他部门做产品设计、开发工作的时候，思维导图的存在是很有必要的，它能够帮助团队高效梳理出工作要点与相关流程，使其在工作时会更具方向性。不过，比起徒手在纸上绘制思维导图这种比较原始的方法，借助智能程度更高的专业工具会大幅提高效率。

目前市场中可用的思维导图工具数量很多，如MindMaster的下载量就比较高，其主要优势在于支持多类型操作系统，无论是iOS还是安卓都能够实现内容的同步。MindMaster还能够向使用者提供比较丰富的思维导图模板，而且这些模板都非常美观，完全可以直接将其拿去与客户进行沟通。

另外，制作一张完整的思维导图其实并不简单，所以就更需要借助专业的工具了。MindMaster操作便捷、灵活，能够将相对复杂的知识结构变得更清晰明了。除这款工具以外，像XMind等思维导图工具的专业度也很高，团队可以根据自身需求合理进行选择。

（3）信息记录工具

当你有了某些忽然出现的灵感或是暂时还没成型的方案规划，需要将其立刻记录下来，因为这些内容还不成熟，需要整理一下才能将其发给其他成员做讨论，所以就要用到信息记录工具来汇总信息了。或许有人会说，直接记录到本子上或是开一个电子备忘录不可以吗？但这些方法更适合记录一些日常的消息，而且信息丢失的概率会很高。

比较常见的信息记录工具Evernote（图9-8）能够为团队提供较大的帮助，因为Evernote的智能化程度较高，大部分功能的操作十分便捷，团队成员在网页中看到某个有浏览、分析价值的内容时，就可以利用Evernote将其一键储存。

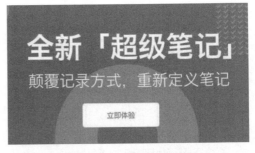

图9-8 Evernote的宣传页面

严格来说Evernote并不是一款单纯用来记录灵感的工具，像会议信息、项目资料等也都能存放在Evernote中，其能够灵活整理这些信息要点，给使用者展示出一个清爽美观的页面。当某些信息已经趋于完整、可以传递给其他成员的时候，Evernote支持信息共享，团队的协作效率也能因此而变得更高。

（4）项目管理工具

项目管理的效率直接决定了团队的产出效率，假如连团队负责人都不知道项目进度是否处于正常推进的状态，也不知道团队中其他人手中的任务完成效果如何，那这个团队将会面临非常严重的后果。

在这里，我们介绍一款以项目管理功能为主的效率工具——Ones。该工具像一个贴心的小助理，可以将各位成员的需求、计划与任务内容等进行高效汇总，与此同时其又像一位严厉的管理员，可以将每个时间节点的进度都展示出来，以可视化图表的形式让成员清晰地看到进度完成情况。有时候成员产出效率低主要是因为没有产生紧迫感，而Ones可以让其看到自己当前所处的阶段与计划内容的差距，进度落后的成员自然会加快速度追赶。

上述提到的效率工具适用于大部分企业，有些需要付费才能使用，有些则可以免费使用。这些工具的功能虽然都很强大，但也只能起到辅助作用，关键还是要看团队成员是否具备提高效率的意识。有时候工具已经给出了进度太慢的提示，但成员却依然无动于衷，这种情况再专业的工具也帮不上忙。

9.5

职业道德：
有底线的增长才是最稳妥的增长

▼

增长黑客团队存在的意义就是为企业带来增长，而增长也的确能够使企业的竞争力得到提升，从而占据更大的市场份额，实现可持续发展。每个人都想成为最终的赢家，但凡是选择了创业这条路的人，都不会掩饰自己对于成功的渴望。然而，正常的商业欲望可以被理解，使用不正当的手段去竞争可就不能被人们接受了。增长黑客团队可以采取各种方法为企业获取更多资源，但却不能因此而丢掉职业道德。

每个行业都有每个行业的行业守则。有时候不同的行业之间会对一些行为产生误解，但在职业道德这一点上，无论哪个行业都是要遵守的。职业道德不能只是口头上说说那么简单，无论是增长黑客人才还是其他部门的员工，完成每一项任务、做每一个选择的时候，都要时刻谨记不能违背职业道德。有些企业虽然靠走"捷径"的方式带来了增长，但这种增长并不稳定，充满了风险，一不留神就会"翻车"。

有些企业经营者虽然具备较强的职业道德，但却不能保证员工有职业道德。无论员工的岗位、等级如何，很多时候只要员工使用了一些不正当的手段，那连带着企业的社会信誉度就会下降。所以经营者一方面要严格要求自己，另一方面也要注意不断加强内部团队的职业道德，以免在之后酿成大错。具体方法如图9-9所示。

图9-9 加强团队职业道德感的方法

（1）企业文化的建设与宣传

良好的企业文化对员工职业道德的培养与强化很有帮助，因为正向的文化氛围会对员工的行为观念带来正向影响。这里我们可以参考一下华为的企业文化，虽然任正非有很高的追求，希望企业能够做大、做强，但其同时也在企业文化中强调务实的作风非常重要，既要有艰苦奋斗的精神，也要以产业报国为企业主要的经营方向。

华为的狼性文化能够使其扩张商业版图的战略得到实现，但这并不意味着其会为了增长而不择手段，恰恰相反，任正非本人非常重视管理层人员的道德与素质。企业如果想要加强团队职业道德的话，不仅要构建正确、积极的企业文化，还要在平时注意做好企业文化的宣传工作，否则企业文化就只是一个漂亮的摆设而已，起不到实际作用。

（2）严格规范员工行为

除了要在精神层面加强对员工职业道德的引导以外，在行动方面的约束也很重要。有时候员工并不是不知道自己做的事情是错误的，只是缺少了一些外在的束缚，自制力比较差的人可能就会走向错误的方向。那么，如何才能规范员工行为呢？

首先，企业必须要建立规范有效的内部管理制度，有制度的束缚才能让员工在做事时更加谨慎，自由、个性化的企业氛围与制度规范并不矛盾；其次，企业平时要将监督工作落实到位，这样才能防患于未然。很多企业就是因为经营者太过信任某些员工，所以对于这些员工的行为直接采取放任态度，员工即便出现了违规行为也不会被轻易注意到，这就导致其"胆量"越来越大。

（3）提高处罚力度与效率

如果某些员工的职业道德太差，在企业文化与制度规范的双重影响下依然做出了错误的决定，为企业带来了较大的负面影响，那么这时候企业最应避免的就是冷处理或轻轻放过。一旦开了这个头，那么其他员工就会产生"原来做错事也没关系"的想法，在这种不良氛围的影响下，内部团队的职业道德只会被不断削弱。

对待那些违背了职业道德的员工，正确的做法是按照制度规范来办事，不心软、不纵容。降职、罚款甚至直接开除，这些在符合《劳动法》的基础上都是可以做的。这并不是不近人情，而是要维护企业的道德秩序。缺口一旦被制造出来且没有及时修复，企业就会遇到重大危机。

（4）树立道德楷模

为什么学校经常会通过各种活动选出一些"青春榜样""校园之星"？就是

因为这些人的形象是正面的，能够起引导作用。为什么当前人们对于娱乐圈中偶像、明星的言行举止要求越来越高？因为这些人的影响力很大，很多人都会将其当作自己的榜样，道德、素质越好就越容易形成正向引导。因此，企业也可以设定一些标准，而后根据这些标准去挑选道德楷模，让其成为企业内部的典范。

企业增长固然重要，但是有违职业道德的增长就像童话故事里的红舞鞋，表面看上去十分漂亮，实际上却非常危险。经营者要注意带头做好表率，哪怕增长速度稍微放慢一些，也不能去做不正当的事情。

案例

从多个企业声明看碰瓷营销的限度

碰瓷这个概念可能很多人都了解，主要指通过投机取巧的行为去敲诈他人，是一种被社会谴责的不正当行为。那么碰瓷营销又是怎么一回事呢？碰瓷营销之所以会兴起，也是受到了互联网的影响，某些名气不大的小企业会通过"碰瓷"大企业来获得人们的关注，事件结束后小企业的流量一般会迅速增长，而大企业则会受到一定的负面影响。这种碰瓷营销就是违背职业道德的典型，现阶段也令许多行业巨头感到烦恼。

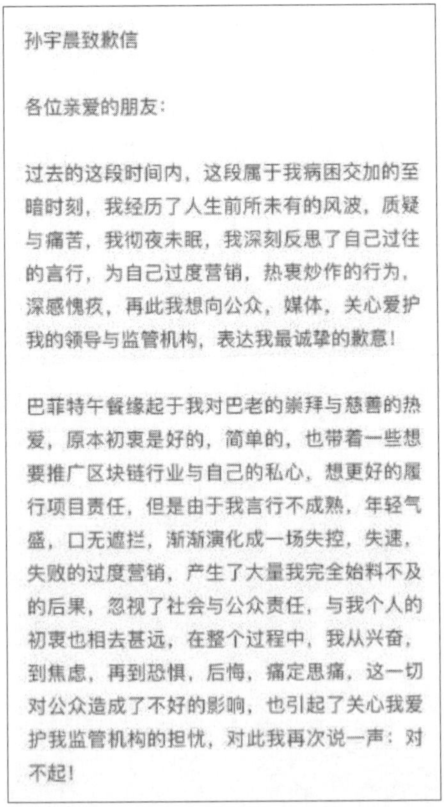

其实在互联网正式流行起来之前，许多小企业也有过碰瓷营销的行为，只不过由于当时阻碍信息传播的因素很多，所以这种不良营销情况还没那么多。然而放到现在，人们获取信息的速度已经越来越快，很多事件

孙宇晨致歉信

各位亲爱的朋友：

过去的这段时间内，这段属于我病困交加的至暗时刻，我经历了人生前所未有的风波，质疑与痛苦，我彻夜未眠，我深刻反思了自己过往的言行，为自己过度营销，热衷炒作的行为，深感愧疚，再此我想向公众，媒体，关心爱护我的领导与监管机构，表达我最诚挚的歉意！

巴菲特午餐缘起于我对巴老的崇拜与慈善的热爱，原本初衷是好的，简单的，也带着一些想要推广区块链行业与自己的私心，想更好的履行项目责任，但是由于我言行不成熟，年轻气盛，口无遮拦，渐渐演化成一场失控，失速，失败的过度营销，产生了大量我完全始料不及的后果，忽视了社会与公众责任，与我个人的初衷也相去甚远，在整个过程中，我从兴奋，到焦虑，再到恐惧，后悔，痛定思痛，这一切对公众造成了不好的影响，也引起了关心我爱护我监管机构的担忧，对此我再次说一声：对不起！

图9-10 TRON创始人孙宇晨发布的致歉声明

稍加推动就会在短时间内聚集较多流量，这就使一些小企业动起了走"捷径"的心思。这里，我们可以先看一看TRON创始人孙宇晨于2019年7月在微博发布的一则致歉声明，具体内容如图9-10所示。

严格来说孙宇晨可不是什么默默无闻的普通创业者，其创立的TRON操作系统在行业内的知名度并不低，孙宇晨也靠TRON获得了不少盈利。然而如果与股神巴菲特相比，那双方的影响力可就不在同一个层面上了。从孙宇晨的致歉信中，我们可以看出其对于巴菲特午餐这件事造成的不良影响表达了自己的歉意，而其口中的"过度营销"则是指孙宇晨用折合人民币超过了三千万的成交价获得了与巴菲特共进午餐的资格，但孙宇晨却在之后又表示自己因肾结石而无法如约到场用餐。

要知道，巴菲特午餐是一项非常知名的慈善活动，每一次竞价过程都很激烈，所以孙宇晨在获得了这个资格后又"因故"毁约的行为引起了社会大范围的讨论，但这无疑又为孙宇晨带来了不少流量。

在2017年，以旅行业务为主的线上交易App飞猪也经历了一场碰瓷营销，飞猪总裁在就本次事件发布声明（图9-11）时更是直截了当地表示"如此碰瓷行为，实属可恶至极！"

关于飞猪在线签证中心被碰瓷的四点说明：

1.飞猪的在线签证业务一年之前就已经立项，今年6月份上线卢森堡在线签证中心；8月份上线日本在线签证中心公测版，已经完成OCR识别、手机证件照等功能，当时内网也有数百人参与内测，给我们提出了很多宝贵体验反馈和优化建议。

2.飞猪在线签证中心的核心优势是与使领馆或授权机构系统直连，前端体验的技术都是接入阿里内部接口，纯粹阿里自有技术专利与资源。

......

如此碰瓷行为，实属可恶至极！这个锅，飞猪肯定不背，我们该干什么干什么！

图9-11 飞猪就碰瓷事件发布的声明

碰瓷飞猪的对象也在旅游领域，但在行业内尚没有什么影响力，只是一家还处于起步阶段的创业公司。该公司在网上发帖称飞猪App的某些功能存在抄袭情况，而且还指责飞猪以不正当的手段获取公司内部的重要资料。面对这一盆忽然泼过来的脏水，飞猪总裁的愤怒在声明中就能明显体现出来，而这家希望通过碰瓷行为来获得流量的公司在最后也并没有成功，这也的确对飞猪造成了一定的影响。

以前，许多碰瓷营销都是在各大论坛中开展的，而现阶段则都聚集在微博，希望借助微博的庞大流量来一波"顺水推舟"。虽然大企业的公关能力普遍都很强，也不会因为来自不知名对象的一次碰瓷行为就从此一蹶不振，不过对经营者来说，这种会影响到企业形象的麻烦事还是越少越好。

试想一下，如果你好好地经营着自己的企业，然后某天忽然跑来一个陌生人，一张口就指责你抄袭了他的作品，然后坐在地上不肯起来也不肯心平气和地与你交流，你会不会觉得很烦恼？特别是当大企业与小企业产生纠纷的时候，后者经常会利用自己的"弱者"身份去博取其他人的同情，妄图借此让大众的关注偏向自己这边。虽然这种碰瓷营销的结果一般都是大企业证明了自己的清白，但过程也着实称不上轻松。

为了迅速获得热度，许多小企业在碰瓷时往往没有下限，职业道德对其而言更像是不存在一般。如果企业遇到了这种碰瓷情况，可以参考下述方法去解决。

首先，企业的反应速度必须要快，不能在对方碰瓷了十天半个月之后，再慢吞吞地发布一则企业声明。一来，这时候对方已经赚足了热度，大众对于声明的内容也不是很关注，而企业作为被碰瓷者难以对对方起到震慑，给人的专业感也会大打折扣；二来，互联网的热点事件更新速度本来就很快，可能许多"吃瓜"群众只会关注对方碰瓷那几天的事件发展情况，时间线拖得太长，群众就会纷纷散去，企业的澄清也难以发挥作用。

其次，企业在发布声明时一定要注意不能意气用事，像飞猪总裁发布的声明，虽然在最后表示了自己对于碰瓷行为的愤怒，但也并没有夹带不文明的词语。最重要的是，飞猪的声明有理有据，每一条都能清晰反驳对方的造谣观点，这样既能显示出大企业的专业度，也能让人们看清事情的真相。有些企业虽然发布了声明，洋洋洒洒一大段文字却说不到点上。

最后，作为大企业固然要有大企业的气度，但这并不代表其要无条件容忍每一个碰瓷者，有时候如果一纸声明不能解决问题的话，就要勇敢拿起法律的武器来保护企业的权益与名誉。有些现实中的碰瓷者就是捏准了受害人怕麻烦的心理，然而当受害人真的提出要寻求法律的帮助时，碰瓷者就会立刻消失。

碰瓷营销与借势营销是两个概念，后者在应用得当的前提下是符合商业社会竞争规则的，也没有违背职业道德。碰瓷营销则是相当恶劣的行为。企业在遇到这种事的时候，一定要尽快解决，这样才能避免被对方钻空子。

第 **10** 章

他山之石：
国内外增长黑客成功案例剖析

——

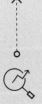

本章将介绍一些国内外的增长黑客成功案例，这些案例中的主人公都使用了不同的增长手段，如Slack非常注重用户运营的效果，而网易云音乐则利用内容营销在一众强大竞争对手的包围下崛起。我们要做的是吸收这些案例中的实用增长知识，而不是一味复制这些企业的增长模板，这样做并没有太大的意义。

-10.1-
Facebook：
TO C产品爆发式增长的典范

▼

Facebook在国内经常被称为"脸书"，是2004年在美国创立的社交网站。根据官方于2020年4月公布的数据，我们可以看到Facebook的用户月活跃量已经接近了30亿这一惊人数字。毫无疑问，Facebook的流量资源非常丰富，而根据其各项数据的增长情况来看，网站的忠实用户占比也很高。那么Facebook究竟为什么能稳定、高速地成长起来呢？其在增长黑客策略方面又有哪些可以参考的地方呢？如图10-1所示。

图10-1 Facebook的增长秘籍

（1）开辟广告业务

早期的Facebook性质近似于微信、QQ，用户可以免费创建属于自己的账号，并随之生成一个初始的主页页面，用户可以利用Facebook自由添加好友、分享个人信息。而后随着网站的不断优化、完善，用户量也越来越庞大，在其具备了一定的影响力之后，广告业务便随之上线了。

随着Facebook对广告板块的布局逐渐趋于成熟，如今的Facebook已经不仅仅是普通用户用来分享生活、交流聊天的社交工具了，更是各大品牌、商家用来打广告的主要阵地。能够用来打广告的网站并不少，为什么Facebook就能牢牢占据有利地位呢？据统计，Facebook的收入中有一大半都是广告盈利，由此我们也可以看出广告在网站中的重要地位。与只能占据固定位置的广告投放形式相比，Facebook中的信息流广告既能与网站内容和谐共处，又可以用趣味感较强的标题吸引用户观看。

毫无疑问，品牌与Facebook是相互成就、相互依存的关系，Facebook需要靠品牌来盈利，而品牌则需要靠网站来提高广告的曝光率、转化率。可以说Facebook能够有如此迅猛的增长，与其创始人果断选择去做广告业务的决定是分不开的。在广告业务方面，Facebook为各品牌商服务时有诸多优势。

首先，如果Facebook没有丰富的流量，品牌商大概率不会关注这个平台。虽然Facebook在打开了广告业务市场之后的热度突飞猛涨，但是其在没有开辟该业务之前的流量也尚能达标，至少对中小品牌来说吸引力还是很强的。其次，Facebook虽然想通过吸引品牌方来达成进一步增长，但也不会因此而忽视普通用户群体的感受，会在投放、显示广告时更具针对性。站在品牌方的角度，这样能够使广告更精准地触达自己的目标市场，可以用更低的成本获取更高价值的回报。

Facebook若是没有选择开辟广告业务，虽然也能维持相对平缓的增长状态，但想要达到爆发式增长的效果就很难了。

（2）深度开发技术

Facebook此前虽然借助自己多样化的广告形式使平台影响力越来越大，但在技术方面并没有什么突出成就，也没有多少人认为当时增长势头不错的Facebook会转而进军高新技术领域。但事实证明，Facebook确实去做了，而且做得非常好。其实早在推出广告业务的时候，Facebook借助大数据实现的智能推荐就已经显示出其对信息技术的重视了，不过那时候Facebook还没有对其进行深入研究。

2013年，对Facebook发展有着重大意义的AI实验室正式成立。会做出这样的决定并非一时冲动，因为此前企业内部的高层人员已经就是否成立实验室这个问题进行了一番讨论，而当时看好实验室发展前景、认为实验室有投入价值的人并不多。但是，如果没有这个AI实验室，Facebook有可能会陷入增长停滞期，即便其当时的用户基数并不小。

任何一款产品，如果想要保持其健康的增长状态，企业必须持续开发新技术，这样才能为产品赋予更多的生命力。仅凭Facebook当时的技术框架，已经难以支撑其不断推出的新功能与日益庞大的用户群体了，因此AI实验室的成立对其来说也是一个新的发展机遇。就拿Facebook的图像识别技术来说，其能够为用户带来更优质的产品体验。比方说你想寻找一张图片，不必再纠结于其是否有明确的标签，只要输入图片相关的描述词如"穿红裙子的女人"，系统就可以接收这个信号，而后给出详尽的检索结果。

（3）灵活管理模式

Facebook能够一步步走向更高的台阶，离不开一众优秀的员工与其灵活高效的管理模式。Facebook内部的年轻员工占比很高，这个群体的优势在于思维更加灵敏、创造能力较强，但管理起来也会令许多管理者头痛。而Facebook的管理理念则是为这些员工提供一片相对自由的活动空间，不会对其有太多行为上的束缚，并会有意模糊上下级之间管理与被管理的关系。

这样做的目的是使这群员工的创造力不会被扼杀，基本上只要没有做出有违职业道德的事情，Facebook就会给予其足够的权限，使其不会像其他公司的员工那样被动地等待分配任务，而是可以自由地选择与执行任务。Facebook强调要不断激发员工的优势，在调整职务的时候要与对方的长处契合，这样才能使其具备的潜力更容易被激发出来。

Facebook的灵活管理模式也令某些从其他企业跳槽过来的管理者感到非常不适应，因为在他们的管理理念中，下级员工就应该无条件听从上级的命令，但这在Facebook的工作场景中并不适用。职称在Facebook只是一个代号，在这里能力大于一切——当然前提是员工的人品、素质没有问题。

Facebook希望打造出一个更具包容性、生命力的企业环境，而这样的企业环境也使Facebook显得更加独特。虽然仍有许多人质疑这种自由的管理模式，但至少从当前来看，这并没有对Facebook造成什么不利影响，反倒使其变得更加强大。

-10.2-

Slack：
TO B产品的用户增长与收入增长

▼

如果说Facebook是一款典型的TO C产品，即以普通用户群体为主，那么Slack就是代表性的TO B产品，即主要面向企业，靠企业来实现增长。先来简单介绍一下Slack这款产品。它是一款专门为企业提供服务的沟通协作工具，其间Slack的团队也对产品体验进行了数次优化，目前全球各地有许多知名企业都在靠Slack进行高效的交流。

截至2015年，Slack的日活跃用户数就已经突破了36万，不要说在当时，哪怕将这个数字放到现在也是十分惊人的。而在2019年，Slack的营收已经达到了4亿美元。别看Slack目前已经成为了一款全球化的产品，但其在刚刚被研发出来的时候，愿意尝试使用这款聊天工具的企业并不多，前期的试用者几乎都是Slack内部团队四处"求"来的。但无论这个过程有多艰难，对Slack来说都是值得的，因为只有这样团队才能将产品变得更加完善，来自试用者的反馈越多，就越能让其提供给新客户的服务质量变得更好。

Slack能够提供的业务形式主要有三种，即免费、付费与增值服务。免费版虽然在功能上没有付费版强大，但对普通企业而言，基本的工作需求还是可以满足的。可能有人会问：那么直接使用免费版不就好了吗？又有多少人愿意付费呢？其实参考Slack的营收数据就能知道，Slack的付费用户数量是相当庞大的。下面，我们就来分析一下Slack可以稳定实现用户、收入双增长的增长策略，如图10-2所示。

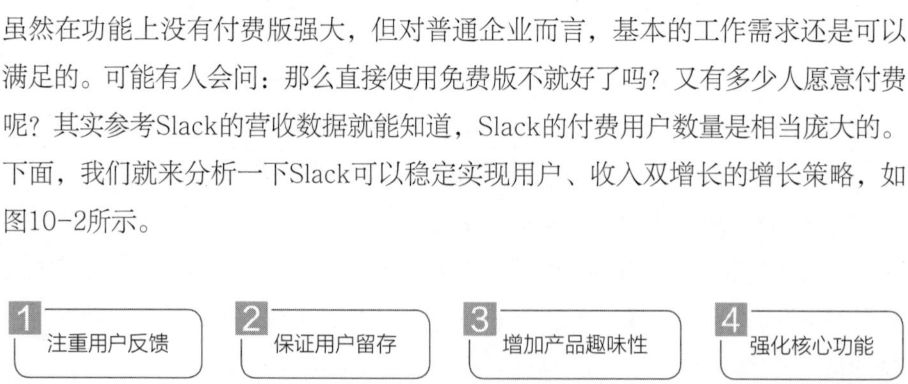

| **1** 注重用户反馈 | **2** 保证用户留存 | **3** 增加产品趣味性 | **4** 强化核心功能 |

图10-2 Slack的增长策略

（1）注重用户反馈

Slack的团队非常重视来自客户的反馈，因为其深知客户给出的每一条意见都很宝贵，很有可能会成为推动产品进一步增长的助力。与此同时，由于Slack是一款TO B产品，其面向的不是某个体对象，而是完整的团体，所以使Slack增长目标实现的难度增加了：假如Slack的客户团体有10个人，而这10个人里面有8个人对产品都很满意，但如果剩下的2个人对产品意见较大、不愿意将其当作工作过程中的协作工具，那这种压倒性的优势也没什么作用。

基于Slack的特殊业务性质，团队必须要关注到每一个客户的反馈，只要客户团队中能多一个人点头，那Slack能够与其建立长期合作关系的概率就会有所提升。因此，虽然Slack在当前的增长速度很快，但其前期并没有将爆发式增长当作目标，而是更倾向于用心对待自己的客户群体，对每一个新增反馈都予以较高的重视。

虽然这样做会耗费内部团队相当大的精力，但一方面确实能够进一步靠近客户的需求，使产品体验变得更好，另一方面也能留给客户一个良好的印象。有时候很多企业推出的产品之所以难以维持增长，主要就是因为其不重视用户的反馈，这就导致反馈渠道成了一个摆设，许多问题迟迟得不到解决，会在后期迎来集中爆发。

（2）保证用户留存

Slack认为，虽然获客这一初始环节非常重要，但难度更高、挑战性更强的却是留客环节。在这里，Slack的首要任务并不是将免费用户迅速转化为付费用户，而是要先保证其能够留下来。为了让新用户能够拥有良好的产品体验，Slack特意组建了一个专门为新用户提供帮助的工作团队，该团队的主要职责就是为新用户解答问题、提供各种产品使用方面的支持。

随着Slack业务范围的不断扩大，该团队不但没有解散，成员数量反而越来越多。每一个新用户都是Slack的重点关注对象，因为其代表的往往并不是一个人，而是一个团体，当某个新用户因为产品体验不好而离开的时候，就意味着Slack可能会失去一整个团体。另一方面，尽管Slack的收入增长主要依赖于用户的付费行为，但其在这方面的做法还是很明智的，即并不像其他产品那样时不时就用付费窗口来催促用户转化身份。用户完全可以不受拘束地使用免费版本，Slack也不会有任何强制付费的手段。

如果用户担心自己在付费后会因为各种原因而放弃使用产品，从而造成损失，那么Slack也会用行动告诉用户无须担心：如果付费用户决定不再使用Slack，那在其停用时间超过两周的时候，Slack便会自动完成退款。这对用户而言是一个足够安心的保障，而Slack在做出这个决策的时候，看似将自己放在了比较被动的位置，实际上却获得了比以前还要稳定的留存效果。

（3）增加产品趣味性

大多数人在听到"企业专用的协作工具"这个描述之后，对产品的第一反应就是严肃、规范，就像一台有序运转的机器一样。但Slack并不希望自己的产品给人这样的印象，其团队更希望用户可以在使用Slack的过程中感受到乐趣，所以首先要做的就是摘掉刻板的印象标签，将产品设计指向美观、明亮的方向。

Slack的配色并没有选择办公类软件传统的黑白灰色系，而是添加了更多活泼的颜色，这使用户在使用Slack时的心情会变好。此外，Slack还推出了许多聊天过程中可以使用的表情，这样做一方面能够增加产品的趣味性，另一方面也能让团队成员之间的交流更加便捷。

（4）强化核心功能

Slack虽然在其他方面的功能也很强大，但其核心功能始终是消息的传输，如果用户的沟通效率不能得到提升，那Slack也会慢慢失去市场。因此，Slack团队一边忙碌于收集用户的新反馈，一边专注于强化核心功能。在Slack团队的持续改进下，目前产品支持用户视频通话、共享信息、轻松查看各个频道的历史消息。Slack的集成性很强，共享信息能够使用户的沟通协作效率变得更高。

除了在上述这些方面做了很多工作以外，Slack团队为了让更多人可以看到并使用产品，平时也非常注重口碑营销的质量。有些产品功能虽然很强大，但却缺少适度的营销，这就导致很多好产品无法得到广泛传播。而Slack通过各种社交媒体来聚焦热度，以此获得更多的增长。

-10.3-
微信：
完美改善用户发短信与发彩信的体验
▼

于2011年推出的微信，目前几乎已经成为国人手机里必备的App，且年龄层跨度很大，下至学生上至中老年群体都会使用微信来传递消息。但是在微信推出的时候，同样属于社交通信类产品的QQ影响力已经很大了，可以说与当时的QQ相比，微信就是透明般的存在。但随着时间的推进，微信的竞争能力已经越来越强，越来越多的人选择从QQ转移到微信，而微信的用户增长量也在持续上升，已经成为了许多品牌用来变现的商业工具。那么微信究竟凭借什么实现了弯道超车、飞速增长呢？

早期的微信能够"站起来"，其实也离不开QQ的帮助，一来是因为那时候QQ的用户量确实很大，二来则是因为微信需要借助QQ才能将用户联系人的资料导入。所以在微信刚出现的时候，在市场中并没有什么水花，势头正猛的QQ大概也没想到有朝一日小弟也会变成大哥，不过初始版本的微信的竞争力着实不算强。

就是在这样的状态下，一部分人开始尝试用微信来进行沟通，因为微信导入通信录寻找好友的效率还是比较高的，另外就是微信的社交模式能够为部分用户提供便利。首先，当时许多人在传递信息时的第一反应还是倾向于短信或是彩信，而这种通信形式的弊端主要有两点：其一，虽然不同的套餐有着不同的收费标准，但每次发短信时都要被运营商收取一定的费用；其二，短信的编写比较烦琐，多数人的习惯都是尽可能将要说的内容凝练在一条短信中，而不会分为很多条逐一发送。

这种短信形式容易导致职场工作者耽误工作进度，因为人与人之间的沟通效率并不是很高。微信上线后，人们的通信模式就从点餐制变成了自助餐的形式，用户有较大的收发信息自由度，在网络信号比较稳定的前提下，可以实现即时沟通。另外，微信可以在对话框中添加图片，完美替代了当时比较流行的彩信功能。微信的传图速度相对来说比较快，而且想发多少图片都可以，不像彩信还要另外收取比短信高的传输费用。

微信在消息传输页面的设置上与短信比较像，能够给用户一种正式、简约的感觉，而后又紧跟着在2.0版本中推出了发送语音的功能。该版本更新的内容虽然放到现阶段来看已经没有什么吸引力了，但对当时习惯了传统短信模式的人们来说还是很新奇的，可以快捷发送语音来替代文字，而且也不用像电话那样按照通话的时长来收费。

在2.0版本推出后，微信的用户量终于有了显著增长，在这之后微信又陆陆续续推出了许多与社交有关的新功能，其在社交通信市场中的地位也愈发稳固。不过，虽然微信能够凭借不限量消息传输优势解决部分用户在发短信、彩信时遇到的一些问题，但其在之后能够维持健康增长的状态也不是仅靠这一点。微信的创始人张小龙曾表示，微信的产品团队非常重视用户体验，所以其也在后期通过各种方法来不断提升用户对产品的印象分，具体内容如图10-3所示。

图10-3 微信的增长策略

（1）强化社交体验

作为一款通信工具，如果微信不能让用户产生良好的社交体验，那么它就是失败的。为了强化用户的社交体验，让其可以对产品产生黏性，微信团队对产品进行了更加深入的开发。

① 朋友圈的诞生　在微信的初始版本中没有朋友圈，而现阶段朋友圈已经

成为了用户分享个人生活的重要渠道。目前大部分人都养成了回完未读消息之后刷一刷朋友圈的习惯，一般用户的社交网络越大，在朋友圈功能区耗费的时间就会越多。可以直白地说，如果当时微信没有选择开发朋友圈的功能，那么其肯定达不到目前这样的增长量。

② 微信红包的发放　微信红包功能也是强化用户社交体验、拉近用户距离的创新功能，逢年过节，微信红包发放量都会迅猛增长。红包功能的开通不仅增加了用户黏性，还带动了微信支付的发展。

③ 表情包上线　表情包已经成为了微信用户聊天过程中必不可少的元素，且场景的应用非常多样化，无论是与同事沟通工作还是与朋友交流，都可以借助表情包让聊天氛围变得更加和谐，或是让沟通效率变得更高。表情包不仅受到了用户的广泛好评，而且还吸引了许多创作者，这也为微信带来了新的增长。

（2）搭建商业桥梁

首先，我们要强调一点：微信始终注重用户的社交体验，虽然其目前的商业变现价值很高，但这并不代表商业化进程的推动会与用户的正常通信行为产生矛盾。随着微信的日益成熟，许多企业也纷纷入驻了微信，将微信当作自己的宣传营销阵地，这也使微信增长进入了一个新的阶段。

通过搭建商业桥梁，微信能够获得的流量变得越来越多，广告业务的开辟也使其能够从中获取更多收益。不过为了保证产品的简洁性和效率，微信团队会对每天发布的广告数量进行限制，不会让用户产生自己被广告包围的感觉。

（3）版本快速迭代

就算是普通产品，也需要不断进行功能方面的优化，这样才能使其维持在市场中的竞争力。而处于互联网领域的微信在这方面的要求则更高，需要定期进行版本的更新迭代，这样才能使用户对微信的依赖性更强。微信在快速迭代这方面做得还算不错，至少不会让一个版本停留的时间太久，而且每次都会在收集用户最新反馈的情况下对产品进行优化，让用户看到自己的需求可以被实现。

如今，微信已经不再是当年那个默默无闻的"入职新人"，其构建的社交体系已经相当成熟，其他创新分支如小程序、视频号等热度也很好，也没有因为流量红利的减少而陷入增长停滞期。只要微信在之后依然能够像现在这样重视用户的使用体验，那其就不会出现太大的增长风险。

10.4

滴滴打车：
用补贴换增长的成功案例

▼

　　滴滴打车以提供便捷的出行、货运等服务为主，能够极大程度地改善人们的出行质量，而不需要再受传统打车形式的束缚。滴滴打车从上线初期就展现出了自身较为强势的发展姿态，并且在短短几年内就顺利完成了多轮融资，无论是业务范围还是市场规模都在高速扩张。

　　如今，滴滴打车在功能上已经愈发完善，在市场中的知名度也很高，许多人会在外出时习惯性地打开滴滴出行App。从滴滴打车官方发布的数据报告来看，2019年搭乘过滴滴专车的用户多达1.9亿，这个数据即便放在整个智能出行市场中也是相当亮眼的。但任何产品的发展都要有一个过程，滴滴打车也不是在一开始就能获得如此迅猛的增长，事实上其在初期的创业经历可谓是相当艰难。

　　于2012年上线的滴滴打车，遇到的问题有很多：虽然当时在国内人们出行时还是以传统的叫车方式为主，利用互联网来约车的智能市场空白程度很高，但也正因如此，滴滴打车的推广受到了很严重的阻碍。一方面是司机对智能产品的不信任、操作不熟练，另一方面是人们也没有这方面的意识，所以当时的滴滴打车团队便想出了一个方法：召集一批有能力的推广员，只要其能够让司机安装滴滴打车的App，就直接在保底薪资的基础上奖励十元钱。

　　靠着这种有点"耿直"的推广方式，滴滴打车很快便达成了初期的增长目标，虽然愿意尝试这种新型接车方式的司机起初并不多，但也是一个良好的开端。毕竟没有司机，就很难开展下一步的行动。在熬过了最艰难的市场开拓期之后，其在之后的增长就显得顺利多了，甚至在2013年获得了来自腾讯的投资，同年10月已经占据了接近60%的市场份额。

但是，当美味的蛋糕慢慢被显露出来之后，网约车市场的竞争力度也持续上升，于是便有了2014年影响力较大的补贴大战。本次"战役"打出第一枪的就是滴滴打车，获得了腾讯投资的滴滴打车开始联合微信"搞事情"，宣布只要乘客使用微信支付来约车，那乘客车费便立减十元，而司机也能从中获利，得到10元的奖励——这种堪比双十一狂欢节的补贴力度，很快便引起了人们的注意，滴滴打车的增长速度也随着活动的开展而不断提升。

不过既然是补贴大战，那主角肯定就不止一个。继滴滴打车宣布了本次补贴活动后不久，另一款网约车App"快的打车"联合支付宝也推出了相似的补贴活动，不同的只是用户直接返现10元，而司机的奖励则没有变。不过转天，快的打车又给出了更大力度的补贴：司机的奖励再上涨5元。

在这样你追我赶的补贴竞争中，滴滴打车也曾做出让步的行为，但其随后便发现，让步后的结果就是滴滴打车的增长曲线直线下降，而快的打车则在前方领跑。腾讯与滴滴打车的管理者商量后，滴滴又提高了自己的补贴力度，于是拉锯战也再一次出现。不过这场拉锯战并没有持续多久，因为双方同时在5月吹起了停战的号角。我们可以分析一下，这一次看似不理智的补贴大战为滴滴打车带来了什么，如图10-4所示。

图10-4 补贴大战对滴滴打车的影响

（1）增长量急速上升

在本次补贴大战结束后，滴滴打车获得了显而易见的增长，市场份额也并没有因此而下降，反倒是愈发稳定。对普通乘客而言，其不会思考这次补贴大战的前因后果，只知道这会让自己的出行更便利、成本更低廉。由于补贴的力度太大，很多先前对网约车不感兴趣的人都忍不住要尝试一下，这就为滴滴打车带来了大量的新用户。尽管从表面来看，滴滴打车在本次活动中不停地"烧钱"，但烧过之后留下的可不是灰烬，而是庞大的流量财富。

（2）微信支付变流行

补贴大战除了为滴滴打车带来了迅猛的用户增长以外，连带着还让微信支付的存在感得到了显著提升。不要觉得这只是微信的单方获利，事实上由于滴滴打车的补贴活动要求用户必须使用微信支付，所以很多用户也在消费过程中感受到了微信支付的快捷。在此前，很多用户认为绑定银行卡支付的方式比较烦琐，且有一定的风险。这种想法在一定程度上也阻碍了网约车市场的发展，而微信支付这种一键式的付款方式使用户打消了疑虑，为滴滴打车业务开拓之路做了良好铺垫。

（3）获得了宝贵经验

经过了这次补贴大战，滴滴打车获得了不少宝贵的实战经验，也对竞品的情况有了更加深入的了解。一方面滴滴打车能够在后期与腾讯进行更默契的配合，另一方面也能让滴滴打车更明白用户体验的重要性。补贴大战起初确实是碍于竞争压力才开始的，而用户也是因为有利可图才会参与活动，但补贴只是一个促成交易的因素，真正留住用户的还是优质服务。所以有了本次大战的经验，滴滴打车在2015年再次以补贴的名义加入竞争战场时，就更有经验了。

其实单看2014年的这次补贴大战，滴滴打车与竞争对手快的打车没有太过明确的输赢之分，双方都能从中获得可观的增长，可以算是一次双赢。本次补贴大战的实质就是口碑营销，只不过滴滴打车能够在活动结束后继续维持增长，而且不会将补贴当作永远都不会失效的制胜武器。

−10.5−

网易云音乐：
音乐的内容营销也可以是情感文字

▼

截至2020年8月，网易云音乐的市值已经达到了200亿元人民币，这对一款音乐类产品来说无疑是一个非常不错的成绩。毕竟，这类产品并不像那些生活日用品一样是人们的刚需，也不像微信、钉钉那样是常备的社交、办公工具，能够维持住用户活跃度就已经很不容易了。而且当前音乐App的市场竞争力度也并不算小，所以被贴上了小众音乐标签的网易云音乐能够成为领跑者，足以证明其较强的营销能力。

但是，营销这件事做好了能带来健康增长，做不好就会让人产生"哗众取宠""营销过度"的感觉。网易云音乐一开始就没有打算走常规的音乐营销路线，而是更侧重于符合互联网时代潮流的内容营销，这种营销方式的优势在于更容易触动用户、实现低成本的传播扩散。

举个例子，很多人都在地铁中看到过网易云音乐的宣传，它们以文字的形式出现在地铁站内、车厢的墙面及地板上。但如果网易云音乐只是将一些热度比较高的歌词贴上去，那大概还达不到引发人们情感共鸣的程度，所以网易云音乐另辟蹊径选择了另一个营销方向：利用音乐背后的故事去打动用户。

车厢中的一条条评论，全都是网易云音乐评论区内的文字，如"谢谢你陪我校服到礼服""有多少人在不是自己的城市里孤独地生活着"，比起歌词，这些用户写下的评论更能让有相同情感经历的人出现情绪上的变化。网易云音乐起初就已经找准了自己的定位，在之后做内容营销的时候目标更是十分清晰，而此后有许多品牌也仿照网易云音乐的"乐评专列"活动在地铁中做起了内容营销，效果却并不是很好。那么网易云音乐能够在本次活动中成功获得流量的技巧是什么呢？如图10-5所示。

图10-5 网易云音乐"乐评专列"活动大受好评的原因

（1）投放地点选得好

网易云音乐选择将地铁站当作主要营销阵地，就已经为活动带来了良好的开端。地铁站中的人流量确实很大，但是那些繁华商业区的流量也同样不小，为什么网易云音乐没有选择其他地方呢？想一想，那些出现在地铁站中的人们，是不是大部分都在为学业、工作而奔波？而人们来到商业区的时候，更多是为了放松、娱乐，所以这两个场景的情感色彩是不一样的。

同样的一句文案，在非常疲惫的晚高峰下班点看到，与在和朋友聚餐、闲聊时看到，给人的感觉会有很大差别。网易云音乐的目标定位是那些为生活而奔波劳碌、会感到疲倦与孤独的人们，因此投放在地铁站中是一个再好不过的选择。

（2）文案筛选较精准

文案的选择直接决定了本次活动的最终效果，如果文案不能对人们造成心灵上的触动，那么哪怕网易云音乐投入再多的资金，效果也难以达到其预期目标。所以，筹备本次活动的团队面临的最大难点是：在从音乐评论区进行数量庞大的内容筛选时，要制定哪些筛选标准。

首先，那些长篇大论、像写作文一样动辄就是一整页的评论肯定不能要，除非评论中能够提炼出精华，否则这种评论就可以直接略过了。当前人们的生活节奏很快，特别是在意义特殊的地铁站中，很少有人会有时间、有闲心通篇浏览这些过长的内容，这样做很难实现高效的内容营销效果。因此我们看到，在地铁站中的评论大都比较简短，最多不过两三句。

其次，光是内容简短还不够，还要让人们产生情感共鸣才行，这一点才是内容营销的关键。所以当时网易云音乐团队的成员直接锁定了那些点赞较高的评论，而后再通过团队内部的商讨进行再次筛选，并且要求这些被选择出来的评论要满足下述几项要求：其一，评论内容要简明易懂，不能给人一种看了觉得很高级、难以理解的感觉，这就有违本次活动的初衷了；其二，并不是所有人都听过某首歌，所以评论即便脱离了音乐场景单独存在，也不能显得太过突兀。

于是我们看到，经历了漫长"海选"被选拔出来的评论，基本上每一个的故事性都很强，也很贴近人们的生活，让人们感觉这并不是摆在橱窗中精致而昂贵的娃娃，而是我们生活中随处可见的日常用品。

（3）媒体推动很关键

网易云音乐在活动正式上线后，又迅速联系了当地的几十家媒体，目的就是借助媒体的力量使活动迅速传播开来。虽然地铁站内的乘客也会拍照留念，或是将其分享到自己的社交平台中，但仅靠用户的力量难以达到最优效果，想要高速扩散就必须与媒体联合起来，毕竟媒体在传播方面的能力是专业的。

虽然网易云音乐自创立以来已经举办了不少内容营销活动，但"乐评专列"算是一个较大的突破，对网易云音乐知名度的提高有着显著帮助。只是单独分析本次活动，就可以看出网易云音乐团队在内容营销方面颇有手段。除此之外，网易云音乐也很注重打造多样化的内容营销渠道，比如在微博、微信上创建一些内容营销话题来吸引用户参与。

总之，网易云音乐算是音乐类App市场中一个特立独行的存在，能够将音乐与情感文字结合起来，这也是其能够保持稳定增长的原因之一。

案例

短视频：
抖音的单列与快手的双列哪个更易获得增长

其实国内早前有过许多短视频App，只是由于当时的市场环境不太成熟，且互联网普及度也没有现在这么高，所以并没有掀起短视频的潮流。伴随着抖音、快手的崛起，短视频市场的饱和度越来越高，抖音、快手这两大巨头的竞争也愈发激烈。不过，抖音与快手的产品定位差异度很大，展现给用户的内容形式也不同，我们来评估一下单、双列这两种内容呈现形式哪个更容易获得增长。

（1）抖音单列

单列形式即让短视频以全屏形式做单独展示，用户可以随意上拉或下滑页面来浏览视频。这种形式的优点主要包括下述几个方面，如图10-6所示。

图10-6 抖音单列形式的优点

① 沉浸感更强　抖音以单列形式展现短视频内容的一大优势就是能够增强用户的沉浸感：一方面这种设计更美观一些；另一方面沉浸感在短视频领域非常重要，所以抖音会努力抓取用户的注意力。沉浸式体验能够使用户的视听效果变得更好，而这也是抖音能够维持住高增长势头的主要原因之一。

② 操作更便捷　产品为用户做得越多，意味着用户在使用产品时的便捷性越好。抖音的单列设计让用户用一根手指就可以无限滑动页面，这样做既能使其沉浸感变得更强，也能减少用户切换页面的烦琐操作。试想一下，假如你刷电视剧时正看到兴起，忽然被一段广告截断，你的沉浸感是不是会立刻受到影响？抖音的目标是尽可能减少用户分神的可能性，使其能够全神贯注地浏览短视频，全程基本不会有任何离开页面的操作。

③ 用户留存率高　单列形式的优势在抖音得到了清晰体现，为抖音带来不少新用户的同时，也使抖音的留客能力有所提升。短视频App的留客秘籍就是尽可能占据用户的时间，让用户产生一种上瘾感，只有这样才能增强用户对产品的

黏性，从而使抖音的增长能力持续提高。

但是，单列形式并不是所有短视频App都可以尝试的，因为单列形式的优势虽然很明显，执行难度却也很大。首先，便捷的操作只是驱使用户浏览短视频的因素之一，最关键的点在于视频质量是否达标、视频内容是否与用户的需求喜好相符。假如你刷抖音的目的就是浏览一些美食类视频，而刷到的90%却是美妆、宠物等与你的喜好毫不相关的内容，那即便抖音的操作很便捷，也难以留住用户。

抖音的强大算法可以支持其为用户提供更多符合心意的短视频内容，能够尽可能精准地命中用户的喜好，不过这显然并不是一件容易做到的事情。抖音必须要不断提高内容审核的力度，并要继续对算法进行深入优化，才能将短视频质量变得更好，用户留存率也会愈发稳定。

（2）快手双列

快手是短视频领域中采取双列布局形式的典型，不过其所走的运营路线与抖音截然不同，即直接面向下沉用户群体，所以也能够为自己争取到很多符合条件的新鲜流量。双列布局的优势主要在于下述几点。

首先，这种布局形式可以为用户展现出更加丰富的内容。打个比方，单列呈现的形式就像你在不了解点菜内容的前提下，服务员一道接一道地上菜一样，你并不知道接下来要上的是哪道菜；而双列布局则是直接将大部分菜都摆在桌子上，你可以自由选择自己想吃的菜，也能直观看到这些菜的种类。

其次，双列布局虽然不是不重视短视频质量，但相比单列形式，它的容错率会更高一些。如果是抖音的话，当用户滑到多个自己不是很喜欢的短视频时，继续浏览的兴趣就会迅速下降。而快手能够为用户提供多个浏览选项，用户可以根据短视频封面、标题等来进行选择，如果点到一个自己不是很喜欢的视频也没关系，还可以点开另外一个。

这种形式能够让用户看到很多内容，运营难度相对会低一些，但与此同时其也会有一些增长方面的弊端。用户在获得了更大选择空间的同时，操作也会变得更烦琐，用户难以产生太强的沉浸式体验感，很容易被各种页面切换行为干扰。

综上所述，其实单列与双列都有各自的优势与应用难点，只是从目前的增长情况与用户反馈来看，用户更偏向沉浸感更强的单列展示形式。并不是说双列不好，只是单列更适合现阶段的短视频领域，增长效果也会更明显一些。